本自具足

佛教經濟觀與可持續發展

吳志軒 著
鍵師兄 插圖
王征滔 佛學詞彙

天地
www.cosmosbooks.com.hk

書　　名　本自具足——佛教經濟觀與可持續發展
作　　者　吳志軒
插　　圖　鍵師兄
佛學詞彙　王征滔
策　　劃　林苑鶯
封面設計　鍵師兄
責任編輯　何健莊
美術編輯　楊曉林
出　　版　天地圖書有限公司
香港黃竹坑道46號
新興工業大廈11樓（總寫字樓）
電話：2528 3671　傳真：2865 2609
香港灣仔莊士敦道30號地庫（門市部）
電話：2865 0708　傳真：2861 1541
印　　刷　美雅印刷製本有限公司
香港九龍官塘榮業街 6 號海濱工業大廈4字樓A室
電話：2342 0109　傳真：2790 3614
發　　行　香港聯合書刊物流有限公司
香港新界荃灣德士古道220-248號荃灣工業中心16樓
電話：2150 2100　傳真：2407 3062
出版日期　2021年5月 初版．香港

ISBN：978-988-8549-68-9

作者簡介

吳志軒博士

吳志軒（Ernest）於香港大學佛學研究中心擔任客席助理教授，為本科及研究生教授佛學與經濟學課程。他公餘熱衷於可持續發展、傳統智慧與市場經濟融合的研究和教育，曾多次獲傳媒和大學邀請作佛學、正念、經濟和可持續發展方面的訪問、演講、嘉賓主持和專欄作者。他現任東蓮覺苑行政總監。東蓮覺苑作為佛教團體，過去八十多年致力於弘法利生、教育和社區服務。吳博士重視年輕人和未來領袖的培訓，近年成為多間大學的導師。他曾於瑞瑩資本擔任首席投資總監、摩根士丹利自營投資部門任副總裁，在投資銀行和資產管理擁有超過十五年經驗。

吳博士在二〇〇〇年以 Phi Beta Kappa 畢業於芝加哥大學，獲經濟學學士和國際關係學碩士學位，二〇〇七年於香港大學獲佛學碩士，二〇一六年於香港大學獲哲學博士。他曾任尤德學者，二〇一七年成為歐洲 SPES 學者。著有《幸福「槓桿」》及佛學經濟學大學教科書 *Introduction to Buddhist Economics*。

插圖畫家簡介：

鍵師兄（Kin Tai）佛門插圖畫家

佛學詞彙編輯簡介：

王征滔（Samuel）為香港科技大學理學士，其後入讀香港中文大學歷史系並取得比較及公眾史文學碩士；專注金融史和藝術史之研究。長期熱衷於藝術品收藏，曾多次參與私人藝術品收藏顧問工作；並於二〇一五年以優異成績在香港大學取得佛學碩士，隨後在香港大學佛學研究中心擔任教學助理；主要研究領域包括佛教藝術、佛典語言和漢譯佛經詞彙。

推薦序一

很高興志軒繼之前的《幸福「槓桿」》及《佛學經濟學》，又有另一新書與讀者結緣，並感到榮幸被邀請作序。想當年我倆是在禪修營認識，他是衍空法師的弟子，謙虛有禮。後來得悉他也是行家，從事投資銀行及資產管理工作，更覺親切投緣。從多年的交往，觀察到他處事認真嚴謹，積極投入，有理想抱負，成就了他在百忙中仍能完成港大佛學博士課程。他毅然放棄高薪厚酬的投資工作，轉為全職的佛教團體行政主管及兼職佛學教授，更令人敬佩。經濟學也是本人在大學及研究院的主修科目。作為社會科學之一，經濟學提供很嚴謹的邏輯分析及實證訓練，對了解世間現象很有幫助。不過主流經濟學以研究資本主義市場經濟為主，以效用及利潤最大化為目標，自然產生以有限資源去滿足不斷膨脹消費及生產的消耗性結果，對個人、企業、家庭、社會及自然環境構成日益沉重的壓力。經濟劇化失衡，交替出現的經濟及金融危機，趨向極化的財富不均，都顯現出傳統經濟學的不足，難以為物質世界持續性增長及發展提供穩定可靠的藍圖。佛教的緣起、因果、業報等世界及價值觀在針對這些矛盾及困境開拓新的視野。在本書志軒以善巧易明的方法，分享了他主要的博士研究成果及於生活範疇的佛法觀點，都是很適時及貼地，值得參考及深思。要持續發展，就要締造一個自利利他、共存共榮的條件及環境。很多科學研究已證明物慾感觀的滿足是短暫無常的，充實具意義的精神生活已被視為真實持久快樂的重要出路。佛法以智慧及慈悲，戒、定、慧三學為本，正好對應管理人性的貪、瞋、癡傾向，為創造以和諧及幸福為理想的可持續均衡發展模式提供有利條件。想要的太多，自然覺得窮，但「慾窮心富」，減少慾望內心便會感到富足。如本書名《本自具足》所啟示，只要每個人能體現自己生活的價值及意義，保持正知、正見及正念，自然感受到那份平安自在的喜悅。本書透過讀者關心的議題，配合志軒對財經及佛學的深入認識，必定能提供豐富而具啟發性的見解，本人誠意推薦。

鄺民彬（Ben Kwong）
香港佛法護持會主席
前證券公司高層
資深財經評論員

推薦序二

不經不覺，與吳志軒博士已經認識了三十個年頭。有趣的是，我們前十五年的成長歷程幾乎是一樣的：在同一所中學唸書，然後進同一所美國大學、讀同一個學科，也完成同一個碩士課程，畢業後加入同一間投資銀行、同一個部門、同一個組別……說來真的有緣！但十五年之後，大家就各自有不同的經歷。吳博士開啓了佛教經濟學在香港的學術發展，而我卻仍然在投資和資本市場中打滾。雖然大家的路有所不同，我們仍然不時見面，讓我有機會了解和學習吳博士的價值及世界觀，所以這次有機會為吳博士的新書寫序，實感榮幸。

我本身並不是一名佛教徒，但是過去數年有機會從不同渠道了解到一些佛教的道理，發現佛教原來不止傳統觀念上的拜神拜佛，內裏蘊含着許多人生哲理，頓時感到自己的無知和狹隘，也令我產生了對佛教哲學的興趣。我相信吳博士寫這書也是本着同一理念，並非只為佛教徒而寫，而是希望通過佛教的道理，讓大家對身邊和社會的事情有重新的體會。

套用在投資市場的領域，佛教經濟學其實十分派用場。尤其是有關「無我」的教義，現實商業世界的確如此，並沒有獨立於其他條件而存在的自我個體。當我們分析一個行業或一間公司的投資價值，顯然有許多外在因素決定它的表現和命運，較微觀的因素包括管理層的決策和執行能力、產品服務的水平、與客戶和供應商的關係等，宏觀層面則涉及到行業趨勢、科技發展、地緣政治等。如何有獨立於外在條件而存在的個體呢？公司與公司、行業與行業之間，某程度上都是互相牽連的「命運共同體」。

從一名投資者的角度去看，就是在「無我」的基礎上，人就沒必要、也沒理由，過份自大地去看自己的成功或成就，因為沒有「一個人」的聰明才智，在沒有外在條件的配合下，能夠創造出任何投資的成功。當然這並不是說個人努力和眼光並不重要，但個人能力極其量也只是一個「必要但不完備的條件」（necessary but insufficient condition）。抱着這個胸懷去想，投資的成敗得失，或許可以用一個不同的角度去看。

而再延伸一步，因為「無我」，所以既然取諸社會，就應該用諸社會，這也是很多新一代成功企業家和投資者對於回饋社會的態度，可見佛教經濟學的理念其實已經慢慢融入社會之中。期望吳博士的新書可以為大家帶來更多的思考空間，創建出一個更融和的社會。

譚楚翹（James Tam）

貝恩投資私募股權（亞洲）董事總經理

推薦序三

Ernest 出身自投資銀行界，在投資銀行工作的都是「叻」仔「叻」女；「叻」的定義反映員工能為機構賺得多少收入。員工在金錢世界努力拼搏，壓力之大不足為外人道。經過十幾年在投資界打滾，Ernest 華麗轉身，走進無常無我的佛教世界，提倡佛教經濟學，徹底修正短線唯利是圖的社會假象。西方的資本主義領導世界潮流二百年，在二十一世紀的今天，碰上新冠肺炎肆虐，經濟開始疲態畢露。民粹主義的興起令國家與人民紛爭迭起。大家都是着眼於面前的利益，big picture 已無市場價值可言，個人利益放在首位，經濟怎可能不走下坡？

人生苦，苦在「貪瞋癡」，在商業世界尤其明顯。「求不得」之苦，令商業才俊像賽犬追趕電兔般，目標可望而不可即。

佛教經濟學提供另一條出路，商界通過實踐「戒定慧」，有所為有所不為，不盲目追求短線利益，以靜觀自我反省，明白因緣和合的空性智慧。佛學是出世間法也是入世間法，精進而不貪婪，審慎而不恐懼，兼備兩極而不排斥。讀者將能有所啟發，從而安身立命，幸福圓滿。

色即是空，空即是色。感謝 Ernest 帶給我們淤泥中的蓮花，換個角度，世界還是美麗芬芳。

袁志光（Peter Yuen）
第一太平戴維斯香港董事總經理及投資部主管

自序：本自具足

明末四大高僧之一的憨山大師說：「不讀《華嚴》，不知佛家之富貴。」《華嚴經》展示佛陀的大方廣，闡述華藏世界重重無盡、事事無礙的人生觀和世界觀。顯然，佛家在《華嚴經》的富貴是指智慧與福德上的富有，但是世人總是以外在追求的物質生活為幸福的依歸；而對於精神上的追求，凡夫更以為是要離開自己的內心而向外尋求。所以，釋迦牟尼佛於菩提樹下初成正覺，證悟到宇宙的實相後即說：「奇哉！奇哉！大地眾生，皆具如來智慧德相，但因妄想執着，而不能證得。」

佛陀要我們明白世人都擁有和佛陀同等的寶藏。正如六祖禪師在《六祖壇經．行由品》中回應五祖：「一切萬法，不離自性。何期自性，本自清淨。何期自性，本不生滅。何期自性，本自具足。何期自性，本無動搖。何期自性，能生萬法。」六祖禪師證悟到，我們每人都本自具足，擁有一顆價值連城的明珠，富貴不假外求。

再思苦樂 重塑生命的層次

世人用畢生精力不斷謀求在物質上的富足，卻又不明白物質生活旨在滿足我們的基本需要；無窮的追求只會徒增煩惱，這才是真正要面對的困苦。我們如何才能夠體會到可持續的幸福快樂必須建基於福德與智慧之上？佛法希望我們明白「苦」和「樂」的真正分別，不要以「苦」為「樂」。快樂亦有不同的層次、不同的穩定性和可靠性。我們願意放棄低一層的快樂而去尋求更高層次的快樂嗎？提到更高層次的快樂，有不少朋友會問：佛教不是強調放下、要不執着、要解脱嗎？要離「苦」得「樂」，不是很矛盾嗎？其實如果將「得樂」的定義以「離苦」、以「寂靜」和「煩惱的熄滅」去了解「樂」，那在生活中將「苦」層層遞減，又有何不可？

經濟學原有「經國濟民」的意思，是家國大事，影響深遠。但是要經國濟民不但只有物質基礎，更要有人文精神的層面，推動個體乃至全人類的文明發展。然而現代新古典主義經濟學（neoclassical economics）強調個人主義，假設個人是理性、自主、自利甚至是自私的個體，追求利益最大化，重價格多於價值。新自由主義（neoliberalism）主張

「幸福槓桿」

自由市場經濟，在法律和市場規範內反對政府干預；反觀佛法強調培養人的行為思想，佛經常言放下與要捨得。市場經濟的最大化和佛法的最小化，又是否南轅北轍呢？

十多年前，筆者加入了在新加坡新成立的對沖基金。該基金是在全球金融危機爆發之前募集成立，大部份的資本還沒有投放，僥倖避過金融浩劫。這是我親身經歷的第二次金融危機——第一次是一九九七年亞洲金融危機，當時我在香港期貨交易所實習。水能載舟亦能覆舟，金融動盪的風險和回報，對某些人來說可能是巨大的財富，但對另一些人來說卻意味着巨大的災難。經歷了這些金融危機使我充滿疑問：佛教對市場的起伏如何應對？如果佛陀能為世人在生命中所經歷的風雨提供啓迪，那麼祂對金融市場的上落又有甚麼見解？畢竟，市場和人生同樣似是夢幻和泡影。

佛學為經濟學注入新思維

正是由於這些重要的問題，筆者過去近十年一直專注於佛教經濟學領域的研究，探究精神和物質生活的交匯，包括佛教對市場經濟的潛在回應，以及從佛教角度重新思考

市場經濟學的潛在危與機。這一類跨領域的研究不論對傳統經濟學或佛學研究來說都是另類的。但正如 David Loy 在 The Religion of the Market 一文所警示，市場經濟已發展成為宗教：要世人相信以消費作為核心價值，經濟法則為教條，無形的市場之手為全知全能的救世主。現今物質文明的發展已到達樽頸，而經濟市場的過度膨脹而演化成為宗教，卻又未能以有限的資源去滿足人類無限的渴求。或許佛教經濟學這一類跨領域的研究，可以用不同的角度對市場經濟遇到的問題提供新的思維模式和解決方法。佛教經濟學的研究並非要利用佛教理論去獲取更多財富，而是要了解佛教如何應對廿一世紀市場經濟所面臨的挑戰。換句話說，既然市場經濟已成為現代生活中不可避免的一部份，那麼佛教的教義能否引導我們作出可持續的決策？市場經濟在佛法的啓蒙下能否真正地為人類的福祉和幸福做出貢獻？筆者近年深思全球市場面對的困難和挑戰，確信佛教的世界觀和價值觀能為人類帶來灼見和貢獻。

疫情讓我們重新審視人生

疫情在全球肆虐，任何人不論貧富高低都無一倖免，但是所受的影響卻貧富懸殊。資本家可能在疫情「救市」中財富不跌反升，而基層人士卻要擔心生活與生存。或許，大家在疫情中亦體會到原來幸福並非必然，而對幸福快樂的條件由外遊轉到在餐廳與親友共敍，由名貴奢侈品改為口罩、白米、廁紙、潔手液等必需品。為了保障身體健康，很多權利和享受都可以捨棄，寧願留在家中陪伴家人。當然，疫情亦讓某些朋友發現，原來自己無法只與家人共處，原來本「不」具足，要依靠外在的工作、財富、名位、權力等才滿足。

在此感謝佛門網、灼見名家專欄的因緣，成就了筆者在佛教經濟學研究的普及工作。筆者重新整理了近年的專欄文章，亦特別補充了新的內容，並邀請王征滔先生就相關的佛學名詞以深入淺出的文字作註解，鍵師兄繪畫精美的漫畫封面和插圖，以多元的媒介與大家一起在經濟生活中探索和體會佛法的智慧。特別感謝鄺民彬先生、譚楚翹先生和袁志光先生百忙中為本書賜序；感謝天地圖書團隊的信任和參與，包括策劃出版的林苑

鷥女士、編輯何健莊女士和負責裝幀及版式設計的楊曉林女士等；感恩大家一起成就這一本書的出版。最後要多謝三寶、師長的指導，以及朋友和我的家人一直以來的支持。

但願這一本書能夠對大家有所啟發。筆者的所有版稅在扣除直接成本費用後，將全數捐贈予疫情中有需要的大眾，普利有情。

志軒合十

二〇二一年春

佛學詞彙一：

苦

「苦」是佛教的重要思想之一。「苦」在佛典裏多用作形容詞和名詞，從字面可以理解作不安、不滿足；英文通常譯作 Suffering 或 Unsatisfactoriness，這個字的解釋同時可以應用在肉體和精神上。譬如生、老、病、死：每個階段中的苦都有不同，當你的身體機能逐漸退化，甚至不幸患有長期病痛；當中的苦況更可想而知。而在精神方面，相信大家偶爾也會出現不安的情緒，這狀態是指我們的心思經常不安定，無法控制，總是不停左思右想；對過去難以放下，對將來卻顧慮太多，我們的心就這樣緊緊地被繫縛着，流落於苦海之中。為了解決這難題，佛教對「苦」進行了深入的了解和分析，而學習佛法的目的正正是希望導出痛苦的根源，並能針對性應對；只要透過持續修行，最終可達至離苦得樂的解脱目標。

目錄

競爭與協作

自利利他

佛學詞彙索引

插圖索引

尋覓

筆者攝於日本箱根蘆之湖

佛教經濟學的佛學與經濟

佛教經濟學的研究領域在佛學方面表明，通過真誠的關顧、慷慨、慈悲、智慧和決心，體現真正「以人為本」的經濟不只是夢想。

佛教經濟學作為學術研究領域可能會被視為新生事物，但它在過去幾十年間發展迅速。佛教經濟學一詞被認是由舒馬赫(E. F. Schumacher)在一九七零年代極具創見的著作中所創。舒馬赫受到南傳佛教的啟發，認為經濟應該「以人為先」(As if humans mattered)為人類和社會服務[1]。西蒙．扎德克(Simon Zadek)、阿皮猜．蓬塔森(Apichai Puntasen)、格倫．亞歷山大(Glen Alexandrin)、P. A. Payutto 等學者的著作進一步擴大了佛教經濟學的學術領域。

儘管如此，弗雷德里克．普賴爾 (Frederic Pryor)，比丘．巴斯納哥達．拉胡拉 (Bhikkhu Basnagoda Rahula)，達摩塞那．海蒂亞拉奇 (Dharmasena Hettiarachchi)，

以及奧利弗·阿貝亞納耶克（Oliver Abeynayake）最近的在佛教經典上的研究提醒我們，佛陀就社會和經濟方面的寶貴教導其實已有悠久的歷史。他們證明佛教的教義與社會經濟和人類福祉密不可分——從物質到靈性的探求，從今生到來生的幸福。

跳出傳統經濟學

同時，具主導地位的市場經濟，在個人、社會和環境層面上也呈現明顯的不足，促使許多主流經濟學派的傑出學者轉而研究較「另類」的佛教經濟學，於是聚集其他學者在世界各地發展研究網絡[2]。值得注意的是，布達佩斯科維努斯大學的 Laszlo Zsolnai 教授與歐洲管理學院社群（CMES）和歐洲 SPES（靈性在經濟與社會）研究所的同事們聚集了一批著名的學者，共同致力於精神、道德、商業價值和經濟的跨學科研究。Zsolnai 教授從事佛教經濟學研究超過二十五年，他與其他學者（如 Gábor Kovács 博士、Knut Ims 教授和 Hendrik Opdebeeck 教授）一起建立了強大的研究群組，將歐洲各個領域聯繫在一起[3]。

二〇一七年，加州大學伯克利分校的克萊爾・布朗（Clair Brown）教授發表了重要的著作《佛教經濟學》[4]。正如 Zsolnai 教授一樣，布朗教授在傳統經濟學的成就非凡，但她亦也意識到跳出傳統經濟學的必要性。近年她為本科生開設佛教經濟學的研習班，她認為傳統經濟學是「讓全球可持續發展，共同繁榮與人類精神關懷相結合的框架」[5]。

二〇一九年，布朗教授與其他美國的傑出學者，如理查德・佩恩（Richard Payne）教授、彼得・赫肖克（Peter Hershock）博士、查爾斯・里夫（Charles Lief）博士及其他歐洲學者，共同參與由香港大學佛學研究中心和歐洲 SPES 研究所合辦的國際學術會議。會議題為「佛教價值與經濟學：投資可持續的未來」[6]。這次會議顯然並非相關題目的首次研討會議，但它的獨特之處在於，它集合了國際和跨學科的共同努力。除了來自北美和歐洲的學者合作外，來自亞洲的演講者也包括不丹的 Dasho Karma Ura、澳大利亞的 Paraskevopoulos 牧師、台灣的鄭振煌教授，以及來自香港的學者，包括筆者、淨因法師教授、廣興博士、Georgios Halkias 博士、G. A. Somaratne 博士、Endo Toshiichi Endo 教授和 Justin Whitaker 博士等。

另外，不同專業界別翹楚的參與，亦讓大眾對佛教的價值觀與經濟的相關性和重要性提供了獨特的見解：傑德．愛默生（Jed Emerson）和陳恩怡深入探討資本的意義和可持續金融；衍空法師和胡蕙茵博士介紹了以大乘佛教教義為基礎的壓力管理方法；朱莉婭．庫倫（Julia Culen）、克里斯蒂安．梅霍弗（Christian Mayhofer）、駱湛才博士和Keren Tsuk博士就領導力和變革的管理進行工作坊；Debra Tan談到了保護水資源的重要性；魏華星、楊大偉和林思瀚分享社會企業家精神；馮孝忠、梁兆基和衍空法師探討可持續金融的實踐。演講者和小組討論的成員亦從不同宗派、教條和經典研究的角度，就佛教的價值觀和經濟學進行了廣泛的學術和專業對話，作哲學和形而上學的分析，以及現代的和應用的探索。這次會議還加強了與會者的參與，增加互動和討論的時間。

佛教經濟學不是權宜之計

這次國際會議集合了組織者、講者、參與者和義工們的共同智慧和努力，是大家互相成就的。這也是佛教經濟學真正精神的寶貴體現，不是權宜之計，而是真誠的關愛和布施。儘管許多講者都是各自領域的資深學者和專業人士，但他們都慷慨、關心和謙虛地與他人分享自己的專業知識，在他們卓越的職業生涯中，運用自己的影響力去成就同輩和後輩的發展。他們願望建立一個全球網絡，讓經濟學可以真正為人類帶來可持續的發展。

近期不少的學術出版，如 Zsolnai 教授和 Bernadette Flanagan 博士合著的 *The Routledge International Handbook of Spirituality in Society and the Professions*[7]，Opdebeeck 教授所著的 *The Economy and Meaningfulness. A Utopia?*[8]，傑德．愛默生所著的 *The Purpose of Capital*[9]，布朗教授所著的《佛教經濟學》等，都是近年在相關領域內的重要研究成果。

布朗教授還在會議上宣佈，二〇一九年她在加州大學柏克萊分校發表「可持續共享繁榮的政策指數」，亦聯同 Zsolnai 教授開始編輯《佛教經濟學、管理與政策研究》系列叢書，由帕拉格雷夫．麥克米倫（Palgrave-Macmillan）出版社出版。

佛教經濟學的研究領域在佛學方面表明，通過真誠的關顧、慷慨、慈悲、智慧和決心，真正「以人為本」的經濟不只是夢想。正如布朗教授所言，佛教經濟學能為實現「現在及未來全球所有人，可持續而有意義的生活」這一共同的目標作出寶貴的貢獻。佛教經濟學必須與廣泛受眾群的生活連繫並付諸實踐；一如布朗教授所倡導的：「要接受和實踐佛教經濟學，需要勇於改變、勇於保護環境、勇於倡導正義、勇於實現快樂的生活。」

參考資料

1 Schumacher, Ernst F. 1984. *Small is Beautiful: Economics as if People Mattered*. London: Sphere Books Ltd. Original edition, 1973.

2 例如，由歐洲的歐洲 SPES 研究所，美國宗教學會（AAR）的佛教研究中的經濟學與資本主義研討會，國際國民幸福總值會議（GNH），國際人間佛教網絡（INEB）組織的會議，以及在台灣，東南亞和世界其他地區舉行的許多其他重要會議。

3 *For Genuine Business Ethics: Twenty-five Year Report 1993-2018*. Business Ethics Center, Corvinus University of Budapest. http://laszlo-zsolnai.net/sites/default/files/3/documents/BEC-25-Year%20Report_1.pdf

4 Brown, Clair. 2017. *Buddhist Economics*. New York: Bloomsbury Press.

5 Brown, Clair. 2016. Buddhist Economics on Courage. December 13, 2016. https://buddhisteconomics.net/buddhist-economics-on-courage/

6 Buddhist Values and Economics: Investing in a Sustainable Future. Centre of Buddhist Studies, The University of Hong Kong. https://www.buddhism.hku.hk/conference2019/index.html

7 Zsolnai, Laszlo and Bernadette Flanagan (ed.). 2019. *The Routledge International Handbook of Spirituality in Society and the Professions*. London: Routledge.

8 Opdebeeck, Hendrik. *The Economy and Meaningfulness. A Utopia?* Brussels: Peter Lang.

9 Emerson, Jed. 2018. *The Purpose of Capital*. San Francisco: Blended Value Group Press.

「尋找可持續的幸福」

佛教對可持續經濟發展的看法

在市場經濟中，追求利潤與非利潤價值之間的衝突似乎無可避免，價格與價值的矛盾不斷。我們可以實現符合佛教價值觀的可持續發展嗎？

為實現可持續的經濟發展，我們可以借鑑佛教教義的三個重要方面。首先是道德紀律：儘管亞當．斯密斯（Adam Smith）在《道德情感理論》[1]中對人類的各項美德進行了詳盡的討論，但市場似乎更加關注自身的利益和《國富論》[2]中所提及的無形之手，似乎只以法律法規為道德底線。米爾頓．佛利民（Milton Friedman）提出，在自由市場中，商業公司的社會責任是在遊戲規則內追求盈利[3]。艾恩．蘭德（Ayn Rand）反對傳統的道德觀念，因為對更大的社會公益的呼籲似乎難免要犧牲個人的最大利益。客觀主義倫理學認為，每一個人必須是他的行為的受益者，為自己的理性和自我利益行事[4]。如今，這些觀點被誤解為在市場經濟活動中任意莽為的認可，縱容不道德、不理性和以自我為中心的行為。

道德是佛教世界觀的核心，而符合道德與否，則取決於心行是否善巧（巴利文：kusala）。佛教經濟學倡導一種以道德紀律為基礎的生活。當我們的身心不受障礙迷惑時，我們可以真正維護自身的利益，實現可持續的幸福與體現真正的自由自在。

分享好運和不幸

佛教的第二個重要貢獻是「無我」的教義（巴利文：anatta）。雖然市場經濟把個人作為運作的實體，但佛教「緣生法」的教義（巴利文：paticcasamuppada）認為沒有獨立於其他條件而存在的自我實體。我們的幸福和福祉與我們的過去、現在和子孫後代，與自然環境以及其他生態系統密不可分，我們無法在隔絕下生存和運作。從佛教的角度來看，我們應該放棄各自為政的思維方式，別人的問題亦是我們的問題，他們的挑戰亦是我們的挑戰。這是從「自私」到「無私」的轉變。在共享經濟中，我們需要分享好運和不幸。美國政治哲學家邁克爾・桑德爾（Michael Sandel）認為，如果沒有這種共通感，支持市場經濟的根本民主價值將被動搖[5]。

佛教的第三個貢獻是指出個人和社會層面的提升是不可分割的。菩提比丘（Bhikkhu Bodhi）辯稱：「生活的兩個方面（內部和外部、個人和社會）密不可分，相互制約。因此，我們的價值觀反映了社會和經濟的實況，而社會和經濟的實況則由我們的價值觀（在個人層面上）去塑造。因此，儘管我們在個人生活中擁有最大的權力來促使直接改變，但是我們個人生活方式的任何改變也必須向外推展，並對我們的人際關係、社會秩序、措施及自然環境的關係產生影響。」[6]亞洲企業社會責任（CSR Asia）主席理查·威爾福（Richard Welford）也同意佛教經濟學可以是一場「和平的，以個人為基礎的變革」[7]。現在，我們所有人都可以從個人自身出發，無需等待機構或體制作出根本性的變化。

個人和社會層面不可分割

值得慶幸的是，這些變化正在積極發展。世界上最大的對沖基金橋水基金的創始人達里歐（Ray Dalio）分享他從正念修習的實踐中獲得正面經驗，以及他對紀律和徹底透明溝通的重視。億萬富翁比爾・蓋茨（Bill Gates）和沃倫・巴菲特（Warren Buffett）承諾捐出巨額財產，以企業和科學化的心態解決當今全球面對的問題。B型企業（B Corp）是美國的新型公司，它的公司章程開宗明義地以創「好」的「意義」（good purpose）為本，為所有持份者（不僅是股東）創造利益。這些都是在現實生活中，企業嘗試做好事的例子。

我們若能加深理解佛教與市場經濟兩者的世界觀的不同，或許可以為可持續經濟發展的基礎加入新的觀點。若然我們認真關注市場經濟不可持續的核心原因，在個人和社會層面上的了解貪婪（巴利文：lobha）、瞋恚（巴利文：dosa）、愚癡（巴利文：moha），如何導致我們作出許多錯誤和非理性的決策。通過佛教在道德紀律「戒」（巴利文：silā）、專注「定」（巴利文：samādhi）和智慧「慧」（巴利文：paññā）三方面的訓練，對應的改變是可能的。這三項訓練可以融入日常生活當中，讓我們能夠生活在佛教經濟中，為可持續的發展做出貢獻。從今天開始，我們可以改變世界！

參考資料

本文基於作者在二〇一五年十二月十八日於印度舉行的印度東北地區與佛教遺產國際研討會上的演講。

1 Smith, Adam. 1817. *The Theory of Moral Sentiments*. First American ed. Philadelphia: Anthony Finley.

2 Smith, Adam. 1843. *An Inquiry into the Nature and Causes of the Wealth of Nations*. Edinburgh: Thomas Nelson.

3 Friedman, Milton. 2002. *Capitalism and Freedom*. Original edition, 1962. Chicago: University of Chicago Press.

4 Rand, Ayn. 1964. *The Virtue of Selfishness*. x. New York: New American Library.

5 Sandel, Michael J. 1998. "What Money Can't Buy: the Moral Limits of Markets. " Tanner Lectures on Human Values, Brasenose College, Oxford, 11-12 May 1998.

6 Bodhi, Bhikkhu. 2000. *Facing the Future: Four Essays on Buddhism and Society*. Kandy: Buddhist Publication Society.

7 Welford, Richard. 2007. "Examining, Discussing and Suggesting the Possible Contribution and Role of Buddhist Economics for Corporate Social Responsibility." *International Journal of Green Economics* 1 (3/4):341—350

緣起義理與影響力

具有重大影響力的人必須意識到，他們承擔的責任重大。別妄想以「各家自掃門前雪」的心態去運作和思考、孤立自己。

近年世界各地的領袖和投資者，都稱讚正念修習是減壓、提高生產力和保持專注的「新潮」工具。然而，這些正念的培訓並沒有重視智慧的修習，反而將智慧當作是正念修習的副產品。其實，智慧是佛教教義「三無漏學」中不可或缺的重要一環，連同道德紀律「戒」和精神專注「定」，可促進個人的成長發展和精神修養。

佛教智慧的其中一項重要教導是緣起的義理，它是對因果關係的深刻理解。《華嚴經》中以寶珠結成的因陀羅網來說明互即互入的微妙和真實意義：如果我們仔細觀察網上的任何一顆寶珠，都可以看到其表面上反射着所有的其他寶珠；在其他寶珠的反射中，我們亦可以看到原來的寶珠，以及其承載的反射再次被反射，構成了無窮無盡的反射網。

《華嚴經》教導我們明白，任何一個元素都是由其他所有元素構成，而所有元素都是由另一個元素構成。當我們查看甲時，我們亦會看到乙、丙、丁、戊、己、庚、辛……當你從甲中看到乙、丙、丁、戊、己、庚、辛時，你會看到甲中的所有內容，你會看到甲不是甲，亦看到甲真正是甲的原因[1]。

領袖的責任鉅大

當今全球各界領袖和市場投資者面臨的主要挑戰，正是了解緣起相即的重要性。某些決策和事件儘管發生在世界某個角落，它們的影響力會隨着科技和信息網絡的發展，對全球產生鉅大的影響。可是，許多領袖和金融決策者仍然以「各家自掃門前雪」的心態去運作和思考——妄想他們可以孤立自己，不受世界其他地區的利益和決策過程影響。具有重大影響力的領袖必須意識到，他們承擔的責任重大。例如，當美國退出二〇一五年由一百九十五個國家達成協議的《巴黎氣候協定》時，即否定了眾多國家為促成可行協議所花費的時間、努力和妥協。如果領袖們寧願沒有交易，也不要一個糟糕的交易的時候，他們似乎以輸贏的思維方式思考。在這種思維中，人人只願意成為贏家；如果必須要吃虧，寧願接受共輸。這種思維方式不僅是出於自身的利益，而且是出於貪婪和愚癡。在全球疫情和政經環境所觀察到的危險趨勢是市場參與者們以「整體」的福祉為代價，爭取「個人」贏得邊際的勝利。

認識緣起的本質

正如早前在國際環境所看到，這些博弈有時既冒險又不值得。既表現出人們缺乏謙卑，缺乏對個人、社會和大自然之間緣起本質的認識，亦顯現對自私行為不利後果的無知。著名的投資者雷·達利奧（Ray Dalio）也表達了關切，憂慮不斷增加的衝突如何對政府和經濟產生不利的影響。達利奧闡述說，他傾向於從經濟和市場導向的角度分析時任美國總統特朗普作為全球和美國公民的政策，而對歷史和自然的透徹研究以及對因果模式的理解。他震驚的觀察是：

當面對選擇對整體有益而對個體有利之間，以及在和諧與衝突之間做出選擇時

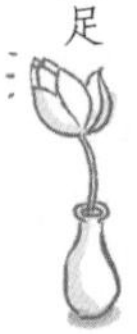

（特朗普）傾向於選擇個體的利益與衝突[2]。

在某種程度上，達里奧的想法和佛教緣起相即的義理不謀而合，因為他相信「我們與我們的整個生態系統、我們的整個世界社區和整個美國都息息相關，因此值得與之共生」[3]。因此，他擔心特朗普的衝突之路，尤其是這條路可能對世界其他地方所造成的影響。

當這條衝突和敵對的道路被貪婪所佔，以絕對的「勝利」為代價而犧牲了「他者」時，對那些不屬於「我們」的仇恨以及對這個世界和自然之間的緣起性的無知，我們都應該對此表示關注。

參考資料

1 Thich, Nhat Hanh. The Diamond Sutra (A Buddhist Library) http://www.abuddhistlibrary.com/Buddhism/G%20-%20TNH/TNH/The%20Diamond%20Sutra/Dharma%20Talk%20given%20by%20Thich%20Nhat%20Hanh%20on%20December%2014%20IV.htm

2 Dalio, Ray. A Couple of Thoughts. LinkedIn. Last modified on June 5, 2017. https://www.linkedin.com/pulse/couple-thoughts-ray-dalio

3 Dalio, Ray. The Last 24 Hours, Developments in the UK and US Increase the Odds That Conflict Will Lead to Political Ineffectiveness. LinkedIn. Last modified on June 10, 2017. https://www.linkedin.com/pulse/last-24-hours-developments-uk-us-increase-odds-conflict-ray-dalio

影響力之禪思：資本的意義

深入反思資本的意義，讓我們真正了解自己，確信在正確道路上前行。讓我們堅信做出了正確的選擇，因為我們已經向自己提出了最嚴格的提問。

禪（禪那Jhana）的實踐超越了人心的虛妄，不立文字、直指人心。它要求修習者跳出思想的框框，照見世界種種現象的真正本質，即是無常和無我的核心問題。在許多高僧大德的開悟因緣中，經常有故事提到宗師突然呼號或當頭棒喝，目的是動搖學生們固定的思想或做法。禪宗的實踐還着重提出疑問（而不只是教義或修行），而是着重於破除我們的觀念和偏見，促使我們深入研究最初的動機（初心），以觀察現實的真正本質（本性）。

傑德・愛默生（Jed Emerson）是美國影響力投資（impact investing）和可持續金融（sustainable finance）的開拓者和「教父」，他有點像一位禪宗大師。在過去的幾十年間，

「影響力之禪思」

他努力不懈地推動和教導混合價值（blended values），考慮到為經濟、社會和環境創造價值對整個投資組合的重要性，其中涉及投資者的全部資本，包括用於慈善的相關資金、市場證券投資以及定息投資等。儘管他在影響力投資和可持續金融領域中具有舉足輕重的地位，但他一直在思考並提出深層次的問題。

思考我們的意圖和動機

《資本的意義》[1]正是愛默生最近期向內反思的重要題目之一。儘管通過數十年的努力，影響力投資已廣為人知亦日漸受到認同，但他並沒有為自己的成就而感到滿足。他沒有花時間慶祝，也沒有花時間停留在如何加強投資影響力的方法或問題上——近年坊間已經有很多新進的「專家」，熱衷於講授他們的理論。愛默生就像禪宗大師一樣，就影響力投資背後的「意義」提出更深層次的問題。這些問題直接指向我們的每一個人的心，邀請我們停下來思考一下我們的意圖和動機。

毫無疑問，我們可以通過慣性的思維模式來機械地回答，我們的動機是「為修善，亦為收益」（doing good, doing well）。但是，如果我們深入研究：影響力投資的意義是甚麼？產生的影響是甚麼？投資的意義是甚麼？資本本身的目的是甚麼？賺錢有甚麼意義？

「為甚麼」的問題不是理論層面的。與大多數「入門指南」的作者一樣，愛默生不只提出問題，亦提出答案。他這本書當然不是「影響力投資的懶人包」，它是帶領我們問問題的寶貴「入門指南」。愛默生邀請我們加入他的反思之旅，探索資本的意義。他一直保持開放的態度，並衷心希望我們也深入反思，真正了解自己，明白抉擇背後是否只是遵循權威、習慣或市場常態。這些反思，是讓我們真正確信在正確道路上前行的唯一途徑。我們能堅信自己作出了正確的選擇，是因為我們已經向自己提出了最嚴格的提問。

佛陀在面對世界上混亂而矛盾的觀點時，他亦教導我們不要服從權威或大眾輿論，要通過深刻的反思去了解：

伽藍眾！是故，我語：「伽藍眾！汝等勿信風說，勿信傳說、勿信臆說、勿信因與藏（經）之教（相合），勿信因基於尋思、勿信因基於理趣、勿信因熟慮因相、勿信因與審慮、忍許之見（相合），勿信因（說者）是堪能，勿信因（此）沙門是我等之師。」伽藍眾！若汝等共自覺——此法是善，此法是無罪，此法是智者之所稱讚者，若將此法圓滿執取即可引益與樂——則伽藍眾！其時應具足而住，如是語者是緣此而說。[2]

令人鼓舞的是，影響力和可持續投資已不再被視為異端。但它們的健康發展十分重要，不能像其他熱潮趨勢一樣來來去去，慢慢被消磨而成為另一種投資方式或品牌。我們需要可持續的對策系統性地改變無休止的貪婪、慾望和破壞的現狀。經濟發展旨在增進人類的福祉。然而，市場對社會和環境的損害和剝削是不可逆轉的，代價不容忽視。

捷克裔南傳性空法師在一次佛法分享中，將佛陀的教義簡潔地闡述：「當我們不了解自己時，我們不能夠了解他人；當我們不了解他人時，我們不了解現象世界，無論我們投入和積累了多少資本，我們都未能遠離痛苦、無法幸福地生活。」

了解自己、了解他人、了解世界

如果我們不了解自己的內心和思想，就不會了解自己人生的意義。如果我們不了解自己人生的意義，那麼又怎能夠理解資本的意義或資本對他人的意義？以及了解由我們共同構建的資本市場呢？《資本的意義》就我們如何對經濟和金融的理解與社會及環境的價值割裂，以及我們如何與鄰居、社區割裂，提供了寶貴的討論。它鼓勵我們對現有的經濟生活模式、價值體系和關係提出疑問。通過這些反思，我們希望重新發現資本的意義和金錢在資本市場的含義，並評估我們每個人可以實現的目標以及與他人有關的目標。這些反思可能沒有給有機會成就廣泛的影響（broad impact）〔或廉價影響（cheap impact）〕，但鼓勵我們加強對深刻影響（deep impact），乃至於對相互影響（mutual impact）的追求。正如愛默生所言，他盼望達致的是深遠且相互依存的影響力，因為：

……在生命的過程中，我們所創造的價值不斷地整合，通過我們與他人（我們努力影響的對象）以及地球（我們財富的來源和扎根處）呈現，它們分別結合在時間的洪流中，展現出我們對與社群、社會、地球及當中各種生物和能量的關係的理解。

愛默生無疑是「言行合一」，他將新書的電子版免費供大家傳閱，而精裝印刷版則可供購買，他邀請大眾參與這一段令人驚喜的沉思體驗。他還準備「言其行」，以開放的心態與不同領域的思想領袖進行深入的對話。當下的問題是，我們是否已經準備好探討更深層次的問題，創造深遠而互利的影響？

參考資料

1 Emerson, Jed. 2018. *The Purpose of Capital—Elements of Impact, Financial Flows and Natural Being*. San Francisco: Blended Value Group Press. https://www.purposeofcapital.org

2 《CBETA 電子佛典集成》南傳第十九冊 No.0007 增支部經典第三卷 N19n0007_003 [0268a07-0275a10]。http://tripitaka.cbeta.org/N19n0007_003

幸福快樂其實很簡單？

筆者攝於法國梅村

我很好，可是我不快樂

如果日做夜做，升職加薪，經濟不斷發展，都不能讓人感到更幸福，那發展所為何事呢？

不管我們的工作是否有意義，又或能否通過正向思維轉化人和事令工作更加愉快，工作始終是工作。一般人不會視工作為生活的目標和意義，而是將工作視作賺取工資以換取更多自由和享受的途徑。諾貝爾經濟學獎得主卡納曼（Daniel Kahneman）和其他學者的研究指出，我們主觀的快樂感受與如何運用時間有關。研究又發現，高收入群組傾向分配更多時間於工作、「被編排」的非工作活動（如購物及照顧小孩）和主動的娛樂活動（如運動），反而運用較少時間於被動的娛樂活動（如看電視）。他認為這些高收入群組對於額外時間的分配，「平均沒有為他們帶來更多的快樂，反而為他們帶來略為更高的壓力和緊張」[1]。

「我很好，可是我不快樂」

「這些壓力和緊張會減低大家當下體驗到的快樂（moment-to-moment experienced happiness），但可能伴隨人生使命的完成（goal attainment），增加我們對生命滿足感的認同（judgments of life satisfaction）」[2]。舉例而言，沒有人喜歡做房奴或因為深夜照顧小孩而睡眠不足。但是能夠完成人生使命，有車有樓有圓滿家庭，卻讓我們感到人生的意義、滿足和幸福，願意犧牲一時半刻的快樂。這項研究指出高收入有更大可能增加人生長線的滿足感，但不一定對當下感受到的快樂有幫助。

升職加薪未必幸福？

我們要幸福就要明白幸福的源頭和創造幸福的方法：尋找幸福是要通過物質生活的工作和消費，還是要通過精神生活的價值和意義？卡納曼和他的研究團隊認為，大家或許過分強調傳統的成就（如收入）對快樂的貢獻。美國經濟學家伊斯特林（Richard Easterlin）的著名悖論（Easterlin Paradox）指出，雖然個人層面上的收入提升有助每個人的福祉，但在國家層面以實質收入或人均國民生產總值計算的經濟增長，與自我報告的福祉水平（reported well-being）並非有很大的關連[3]。另外，若果相對收入（relative income），即與他人相對比較，保持穩定而絕對收入（absolute income）水平提高，個人的福祉或許不會有改變。研究證明收入提高可以增加快樂的機會和途徑，但長遠對人的福祉的影響反而不大[4]。大家可能會問，經濟理論不是強調收入、功用和快樂的關係嗎？如果日做夜做，升職加薪，經濟發展，都不能讓人感到更幸福，那發展所為何事呢？

幸福定義不斷演變

西方社會對快樂的定義是隨着時代演變的：亞里士多德（Aristotle）主張美好的人生（good life）是以道德去衡量；其後霍布斯（Thomas Hobbes）則將好壞以享受到快樂或是痛苦來定義。快樂後來由享樂改為功能上的用途（utility）定義，起初如邊沁（Jeremy Bentham）強調社會的功用（utility）和福祉（welfare），後來演變為如穆勒（John Stuart Mill）強調個人的功用和滿足。西方經濟學最終將生產和消費、功用與個人及社會的快樂連結在一起。

大家對真正的快樂感（我們真實的感受）、別人是否覺得我們快樂（別人的眼光），和我們是否擁有快樂的途徑（金錢、工作、家庭、物質生活等）三者之間的關係不容易分辨。我們的工作和財富久而久之為我們的身份定位，甚至當失去了這些東西時，我們會覺得失去自我的肯定和別人的認同。最壞的情況是當不幸失業或破產時，就連建基於工作的自我尊嚴和精神支柱亦同時被摧毀。

參考資料

1 Kahneman, Daniel et al. (2006). Would You be Happier if You Were Richer? A Focusing Illusion. *Science*, 312, 1908-1910.
2 Puntasen, Apichai. (2007). Buddhist Economics is Needed as a New Paradigm for a Better Understanding of Happiness (Wellness) (p.2). International Conference on Happiness and Public Policy, Bangkok.
3 Easterlin, Richard A. (1995). Will Raising the Incomes of All Increase the Happiness of All? *Journal of Economic Behavior & Organization*, 27, 35-47.
4 Easterlin, Richard A. (2003). Building a Better Theory of Well-Being. *IZA Discussion Paper Series*, 742 (March), 22.

幸福快樂是無法外判的

如果將精神上的快樂當作資產來看待，那便需要適當的投資和管理：高波幅、大起大落、高槓桿、過度透支的高風險「快樂」可免則免。

在電影《一念無明》中，小朋友在天台上反覆背誦母親余師奶的叮囑：「要生性，要讀書，要向上流。」人望高處水向低流，是人類文明進步的動力和慣性，但是為何要進步，要向上流呢？有朋友說要謀生，要養妻活兒，要孝順父母，要為退休買保障。如果看短線一點就為拍拖，為結婚，為升職。不斷營營役役，不斷尋尋覓覓，既是為了生活，亦了為了生存。

大家可能覺得佛教強調無常、苦、空、無我好消極及好悲觀。其實，除了要知苦，不要誤將苦當為樂，還要懂得何謂樂和離苦得樂之道。如果大家不喜歡「苦」版的四聖諦，我們可以反方向去了解。佛陀教導我們有一種快樂是可以持續穩定和可靠的，要達

「幸福快樂是無法外判的」

致這種快樂是有途徑的，那就是通過八正道的修行，明白苦的由來，不要苦樂不分。更重要的是這四聖諦是千古聖賢認證的真諦，是有根有據、有修有證的道路。

人在痛苦中，是否要離苦就可以馬上離苦呢？父親（曾志偉飾演）問阿東（余文樂飾演）：「你可唔可以正常啲？可唔可以開心啲？」如果快樂是一念之間，為何我們不按一下快樂按鈕，進入快樂的模式呢？如果我們嘗試從財富的角度去問這個問題，就有如問「何不食肉糜」，問有家境困難的朋友：「你可唔可以有錢啲？可唔可以做中產？可唔可以住豪宅呀？」

大家如果明白物質生活向上流是要用功，靠積累財富和節儉；那麼，在精神上的健康和快樂亦需要用功，積累快樂的泉源和善用資源。阿東在成長的過程中感到受冷落，長大後雖然不及哥哥有成就，但對母親孝愛有加，盼望婚後買半山樓，生兒育女，尋求幸福快樂。未婚妻建議送母親入護養院，阿東難以接受，深感壓力，他曾進精神病院接受治療。種種事情發生後，父親的朋友又建議送阿東返回精神病院！自己處理不來的問題要外判。阿東父親問：「其實說自己盡了力好容易，但是否樣樣都可以外判呢？」

將「人」當作「人」去用心面對

人與人之間的問題，要將「人」當作「人」去用心面對，不是把問題量化為數字，不是當作問卷來回覆。但是處理別人精神上的困難時，欠缺慈悲和智慧，對自己精神上的要求亦很大。如果將精神上的快樂當作資產來看待，那便需要適當的投資管理的：高波幅、大起大落、高槓桿、過度透支的高風險「快樂」可免則免。平日除了要投資自己的精神健康之外，亦要投資家人的精神健康。因為人生就好像股票市場一樣起伏不定，我們要防範精神上的「次按風暴」，那我們則要在平靜時培養處理壓力和情緒的能力，否則精神受突如其來的狂沽和透支；未破產而要由精神負資產的谷底反彈，需要一定的時間和耐性。

精神資產和金融資產的重大分別是，精神的世界可以由一念轉萬念、由無明轉十二因緣的輪迴。金融資產可以委託他人，但精神資產的管理是無法外判的：不能依賴外物、家人朋友去令自己快樂，而要為別人的快樂做「承包商」亦同樣不可能。我們可以用心去成就讓自己和他人快樂的條件，但是快樂與否就在於我們的心能否不被外界的紛亂所

縛，而做到境隨心轉，用平常如實的角度去體會我們無常苦空無我的內心和外在的世界。快樂就是在此時此地好好生活，通過修行去幫助我們解除無始以來的快樂外判合同，重新發現幸福快樂需要我們去轉念，快樂本身就應該是目標。正如影片結語引述《小王子》的經典句子：「我們只有用心才能真的看見，真正重要的東西是肉眼無法看見的。」

「層次高」的消費主義

財富和權力是多麼的耀目和脆弱，要窮盡人一生的精力去悉心料理。大家在追求奢侈品的過程中，放棄了原有的、已掌握的平靜。

我們從成長的不同階段，可以體會幸福快樂的尋求過程：初生嬰兒快樂的根本是安全感。面對感官的發展與外界訊息的刺激，我們的喜怒哀樂與身體的基本感受和需要密切相關。直至自我的意識慢慢形成，開始有存在的感覺，懂得「發脾氣」、「爭玩具」，亦開始對感官外的感受有要求，要顧及「面子」和「排場」，消費的作用不單只是滿足需要，更是滿足人的渴求和自我的肯定。

「層次高的消費」

需求、渴求大不同

自古以來，衣食住行是人生的必需品，佛經亦有指衣服、飲食、臥具、醫藥是修行的必需，貧窮和負債實為世人之苦[1]，而「飢（餓）為最大病」[2]，會障礙修行。我們的身體有基本的、實切的需求（chanda），但在基本需要之上的慾望則為渴求（taṇhā）[3]。舉例來說，一日三餐是需求，但是對飲食的烹調方法、色香味、餐廳情調氣氛的追求則是渴求。需求有其物理的準則和局限，所以比較容易滿足。一碗拉麵飽不飽，大概八九不離十，但是要尋求拉麵之王，則蘭州拉麵、刀削麵各有千秋，有彈牙的、有濃湯的、有米芝蓮星級的。所以要滿足需求可以比較簡單，要滿足渴求就比較複雜。

這個需求和渴求的討論亦自古有之，經濟學泰斗亞當·史密斯（Adam Smith）在二百多年前對必需品和奢侈品有精彩的討論。在《道德情操論》當中，他談及有錢人有車、有樓，這些奢侈品對他們而言只有「表面的功用」，是藝術品，甚至是玩具。通過實證，他發現這些奢侈品和它們的實際用途相比，一般都是物非所值[4]。大家不多在意的是，奢侈品的重點，在於提供方便和在享受的手段中讓用者得到調整，而人們更重視這些調整多於實際的方便和享受。正如鑽石戒指好像比金戒指更「永恆」，層次高的「腦細」要飲層次高的咖啡一樣。

史密斯批評，大家在追求這些奢侈品的過程中放棄了原有的、已掌握的平靜。縱使財富和權力給予我們不少方便，它們卻是多麼的耀目和脆弱，要窮盡人一生的精力去悉心料理。這些奢侈品可以「防夏天的驟雨，卻抵擋不了寒冬的風暴，讓人依舊、甚至更暴露於憂慮、不安、悔恨、病苦、危難和死亡當中」[5]。

消費的喜悅不在於商品本身

那為何我們還是要「貼錢買難受」？史密斯指出我們並非相信這些奢侈品真的能讓我們比其他人快樂，而是讓別人知道我們所擁有令人羨慕的、獲得快樂的途徑（means of happiness）。這些渴求依然是推動人類的重要動力，認同我們的價值觀和身份。正如一段感情日積月累，我們的生活、自信和意義都建築於對方的認同一樣。但是如果以為男（女）朋友就是我，那分手後的我又是誰？為何他（她）不聽我講？如果他（她）與我無關，為甚麼我的情緒又會受他（她）影響？究竟手機是不是「我」？如果是我，為何常常要升級、換機？如果不是我，為何忘記帶手機總是讓人心緒不寧？

市場經濟的消費主義驅使了過度購買，消費的喜悅和精髓則在於購物的過程而非物件本身的用途或消耗。二〇一八年年底全球廣告收入金額預計高達 5,780 多億美元[6]。正如 David Loy 所說：廣告「是人類史上為了定義和製造消費式需求，在思想操控上的最大工程」[7]。

參考資料

1 《CBETA 電子佛典集成》漢譯南傳大藏經（N），第二十二冊 No. 0007，第六卷，增支部經典，六集，四十五。http://tripitaka.cbeta.org/N22n0007_006

2 《CBETA 電子佛典集成》補編（B），第七冊，No.0017，南傳法句經，第一卷，一五，樂品，二〇三。http://tripitaka.cbeta.org/zh-cn/B07n0017_001

3 Payutto, P. A. 1998. *Buddhist Economics, A Middle Way for the Market Place.* Bangkok, Thailand: Buddhadhamma Foundation.

4 Smith, Adam. 1817. *The Theory of Moral Sentiments.* First American ed. Philadelphia: Anthony Finley.

5 Smith, Adam. 1817. *The Theory of Moral Sentiments*. First American ed. 293-294. Philadelphia: Anthony Finley.

6 MarketingProfs. 2018."Global Ad Spend Forecast for 2018. " *MarketingProfs*. Accessed 22 August 2018. https://www.marketingprofs.com/charts/2017/33282/global-ad-spend-forecast-for-2018

7 Loy, David R. 1997. "The Religion of the Market. " *Journal of the American Academy of Religion* ,65 (2):287.

佛學詞彙二：

渴求

「渴求」在佛典裏通常以「愛」、「執着」或「貪愛」來表達，英文的對應字譯作desire。佛陀指出「貪愛」正是一切苦的源頭，也是眾生輪迴生死的根本原因；在日常生活裏，我們會透過眼、耳、鼻、舌、身、意（意識）去體會這個世界上的人和事（現象），從而引發出種種慾樂，可惜凡夫對這些表象不自覺地產生不同程度的執着或貪愛。就似豬八戒在《西遊記》中遇見的情景一樣，總被世間一切美色表象所迷惑而迷失了自己，無法有效地收攝身心，令致修行道上加諸了重重障礙。修行其實是修心，就是做回自己「心」的主人；只要不被慾望貪愛牽着走，心境要達致清淨平和的內心狀態，才有望他日修成正果。

空虛的虛擬消費

如果從量來說，無止無休地消費和刺激我們的感官功能實在很有效率，但這也是虛擬世界令我們很容易透支、身心疲憊的原因。

古代有蘇東坡和佛印禪師「八風吹不動，一屁打過江」的故事。古人衣食足然後知榮辱，所謂「八風」[1]已不單只是人類五慾[2]需求的物質滿足問題，而是面子、名成利就、人生喜樂得失的心靈滿足問題。如果人心不足當然蛇吞象，但是現代的虛擬世界在脱離了物質和空間的阻隔後，可以説是想得出做得到。在現實世界裏，如果你仰慕某位明星，最誇張可能送九百九十九朵玫瑰；在網絡世界，我們可以用虛擬貨幣在遊戲平台上送假車假樓、又或者買薰香捉精靈。在虛擬世界上尋求的滿足可謂是虛上加虛。然而，虛擬貨幣卻是要用真金白銀買的，可謂假亦真時真亦假。在二〇一七年，中國遊戲市場實際銷售收入已高達 2,036 億人民幣[3]。

「空虛的虛擬消費」

一機在手 沒有止休

隨着社會和科技的發達，我們的消費已經從物質滿足與更高層次的奢侈品和名利的追求，升級到新的虛擬消費，在虛擬空間何時何地都可以消費：購物不用去商場而去網購，會議不用見面而用視頻，看電影不用去戲院而下載等。

虛擬世界的消費模式甚為方便，但是這些方便亦將我們原有的秩序完全打亂。因為只要有一機在手，我們可以同時食飯、玩遊戲、看電影、看網頁和網上聊天。大家可能會問，這樣的生活不是很充實和有效率嗎？如果從量來說，無止無休地消費和刺激我們的感官功能實在很有效率，但是這亦會令我們很容易透支、身心疲憊。有時為了滿足虛擬世界的享受，我們甚至廢寢忘餐，犧牲了基本的需要。從前實體經濟的消費旨在為我們提供身心的養分和滿足，虛擬世界的消費亦曾承諾拉近人與人的距離、提升人的心智。實情是在虛擬世界內，大家反而愈來愈空虛。為何我們不但沒有在科技的發展中獲得更大的掌控和自由，反而好像不由自主地受網絡世界的影響而「被消費」呢？既付出了精力和時間，更要付出金錢。

未能五蘊皆空，亦可善用五蘊

電視劇《行屍走肉》（The Walking Dead）[4]自二〇一〇年上映，七個季度以來一直大受好評。劇集開始時講述副警長Rick Grimes一日從昏迷中甦醒過來，在病房叫護士醫生無人回應，無可奈何走出病房，愈行愈不對勁。他終於明白到外面世界已被行屍佔據，人類在劫難逃。整個電視劇以Rick和其他倖存者的求生故事為主軸，它的成功除了是特技效果逼真、故事情節懾人之外，最吸引的還是通過人物角色，帶出倖存者人性的光輝和陰暗。

喪屍之「喪」在於其行屍走肉：它們人性已失，除了咬人之外沒有生存目的。從佛教的角度，人之所以不同於喪屍，人對五蘊的執取是關鍵。一日佛陀在舍衛國祇樹給孤獨園為比丘說法[5]，佛陀說，我們的物質「色」身並不是「我」，如果色身是能作主的「我」，那在這個色身就不會有病有痛苦，「我」亦毋須希望身體這樣、希望身體不要這樣，而其餘五蘊中的受、想、行、識亦一樣。佛再問比丘，那「色」是恆「常」不變的還是「無常」的呢？佛陀解釋說色是「無常」、是「苦」、會「變易」，而其餘五蘊亦一樣。修行人應如實觀察，明白五蘊並非是我，但又不能說離開五蘊而有我，或誤以為我中有五蘊、五蘊中有我。佛陀教導大家如果能明白五蘊並非是我，亦並非為我所有的外物，那還有甚麼值得我們去爭去執取呢？如果毋須去爭就不會有所着，被所着的境與物影響我們。如果能夠做到「無所着」，就能夠進入大聖人的境界了！對一般人而言，佛陀的道理仍然是「好貼地」。因為如果連五蘊都不是我，那名譽、地位、金錢、虛擬角色和貨幣更不值得視之為我，又或是我可以託付的「我所」。

我們的生活雖然離不開物質的支持和享受，但是正如《行屍走肉》中所揭示，人與喪屍的分別在於人性的光輝：友情、善良、堅毅、智慧等。如果我們做不到菩薩照見五蘊皆空的境界，或許我們可以善用五蘊。如果在實體和虛擬經濟中漫無目的地、盲目地去消費（不論是基本需求的、高層次的，還是虛擬的消費），我們很容易墮入喪買、喪食、喪玩的境地而不能自拔。

五蘊

「五蘊」一詞，英文譯作 Five Aggregates——所指的包括色蘊、受蘊、想蘊、行蘊和識蘊。「蘊」解作聚合的意思，佛教將「人」理解為這五種元素的聚合，而非固有的一個「我」（self）。「色蘊」中的「色」代表有形之物質（form / matter），《心經》裏的一句「色不異空，空不異色」，所提到的就是這個「色」。而餘下的受（feelings）、想（perceptions）、行（volitional construction）、識（consciousness）都屬於非物質（精神）性。

「受蘊」是指感受，與情緒情感相關的感受，例如喜、怒、哀、樂。

「想蘊」可理解作記憶或比較的運作過程。

「行蘊」可理解為具備決定性的意志。

「識蘊」是指對感官世界的覺知，例如視覺（眼）、聽覺（耳）、嗅覺（鼻）、味覺（舌）、觸覺（身）和個人意識的覺知（意）。

參考資料

1 八風是指能夠影響人心的八件事：稱、譏、毀、譽、利、衰、苦、樂。

2 五慾是指人的五種慾望：財、色、名、食、睡。

3 中國遊戲市場收入高達二千億，移動遊戲佔過半數。

4 另譯《陰屍路》。

5 《CBETA 電子佛典集成》大正藏（T），第二冊，No. 0099，第二卷《雜阿含經》卷二，三三。http://tripitaka.cbeta.org/en/T02n0099_002。

最「正」的消費

最「正」念的消費能夠讓我們在當下得到滋養和療癒；反之，令我們迷失或損害身心的消費，我們都應該遠離。

香港人捱更抵夜食無定時，好容易捱出胃病。筆者還記得第一次胃痛，是初出茅廬在期貨交易所當暑期工的時候。交易所爭分奪秒，節奏快、壓力大，雖然精神應付得了，但是腸胃卻支持不住。除了食胃藥外，最有效的解決辦法是從入口開始，每一口飯都要專心食、細細咀嚼，直至完全變成糊狀才下嚥。經過一段時間，除了胃痛消失外，發覺食物的味道亦有所不同，嚐到飯是甜的、水是甘的。

「最正的消費」

進食時的五項觀想

如果大家有機會去佛寺，用齋的地方名為「五觀堂」。甚麼是五觀？五觀是佛陀教導比丘在進食時的五項觀想[1]：

（一）計功多少，量彼來處；

（二）忖己德行，全缺應供；

（三）防心離過，貪等為宗；

（四）正事良藥，為療形枯；

（五）為成道業，方受此食。

修行人將進食作為一門功課，每一頓飯，柴米油鹽都是經過社會各界的辛勞，必須珍而重之。我們的功德修行是否值得接受大眾的供養呢？同時修行人亦要防止心念犯了貪瞋癡等過錯，應該視飲食為對治飢渴之病的良藥，滋養身心的成長。在這五項觀想的文字旁邊，常常會掛有一對對聯：「五觀若明金易化，三心未了水難消」，意思是如果能做到食存五觀的修行，連堅固如金都可以消化；但如果心念未能放下對過去、現在和未來的束縛和執着，就算柔軟如水都消化不了。

遠離損害身心的消費

從飲食引申到其他消費，一行禪師用慈悲和智慧將傳統的酒戒推演到有關飲食和消費的修習：五項正念修習中的滋養和療癒[2]。除了飲食之外，消費亦包含身心的一共四種食糧（飲食、感官、意志和心識）。最「正」念的消費能夠讓我們在當下得到滋養和療癒；反之，令我們迷失或損害身心的消費，我們都應該遠離[3]。

一行禪師的正念修習讓我們體驗禪宗行住坐卧皆是修行的精髓。既然生活離不開消費，那我們應該學習正念消費。正念消費的「正」是建基於因果的慈悲與智慧。正與邪、對與錯的道德觀並非教條主義。南傳《阿含經》中有一段重要的經文[4]，當中伽藍族人問佛陀：眾沙門、婆羅門的教導公說公有理，各自以正教自稱，對其他人的教導則加以駁斥、輕視，究竟甚麼是正？甚麼是邪？佛陀明白伽藍眾的困惑，他解釋我們不應該單單因為風傳、猜測、教條、權威而去相信某一種修行的方法，而是要通過自己親身的覺察，去分辨甚麼是不善、有罪、以及是被有智慧的人所呵斥的；如果以不善的方法修行、執取則帶來痛苦，所以我們應該斷除這些不善的修行和執取。相反通過大家的自覺，了解甚麼是善、無罪、以及是被有智慧的人所稱讚的，則大家應該可以在這個善的法門中圓滿修習，獲得利益和安樂。通過多聞、思維和修習，我們了解到貪慾、瞋恚和愚癡所帶來的痛苦和墮落，以及在修習戒定慧中所得到的清淨和安樂。

在這個紛亂的世界，要分辨正邪對錯需要通過不斷的反思和覺察，特別是市場的包裝、標籤和商品化將好醜對錯變得模糊，將人和人的關係變得這麼近、卻又那麼遠！當我們享受價廉物美消費的便捷，我們好像毋須理會生產過程對人、生態和環境所造成的災害。因為在市場機制中，只要規則容許，我們就好像不用再考慮公平和社會成本。所以現今消費者需要做的功課是，在生活中實踐佛陀的智慧，了解消費對我們、他人、社會和環境的代價，做一個明智、最「正」的消費者。

佛學詞彙四：

正念

「正念」一詞，英文譯作 Right Mindfulness——「正」字除了代表正確，亦有全面、圓滿的意思；「念」字根據《説文解字》之解釋：「念，常思也。」較為近代的説法可以理解為「心中所想的」，譬如念頭、思想和想法等。而在佛教裏「念」字卻有更深層的教義，它代表一種穩定地面對目標，心識高度集中並深度注意的狀態，修行者對自己當下的心理狀態具備清楚的覺知；「念」同時有不疏忽（不忘）、不迷惑、覺察或觀察等含意，無論你在行住坐臥都能精進地念念分明的覺察着。通過持續修習正念，無論情緒和精神狀態都得以保持穩定，使修行者可以有效地將所有善念和善知識變得更鞏固，並將世間之慾貪、苦惱捨離。

參考資料

1 《CBETA 電子佛典集成》大藏經補編，第十九冊，No.103 禪林象器箋（三十卷），無着道忠著第十七卷。
2 「覺知到沒有正念的消費所帶來的痛苦，我承諾修習正念飲食和消費，學習方法以轉化身心和保持身體健康。我將深入觀察我所攝取的四種食糧，包括飲食、感官、意志和心識。我決不投機或賭博、也不飲酒、使用麻醉品或其他含有毒素的產品，例如某些網站、電子遊戲、音樂、電視節目、電影、書刊和談話。」〈五項正念修習〉
3 「我願學習回到當下此刻，接觸在我之內和周圍清新、療癒和滋養的元素。我不會讓後悔和悲傷把我帶回過去，也不會讓憂慮和恐懼把我從當下此刻拉走。我不會用消費來逃避孤單、憂慮或痛苦。我將修習觀照萬物相即的本性，學習正念消費，藉以保持自己、家庭、社會和地球上眾生的身心平安和喜悅。」〈五項正念修習〉
4 《CBETA 電子佛典集成》南傳（N），第 19 冊，No.0007，0268a07，增支部經典第三卷，三集第六十五。

極簡主義和佛系會威脅消費經濟？

> 幸福的程度有多種，為了更高層次的幸福犧牲較低的幸福是值得的：要獲得更高的心靈自由需要在壓力中付出努力。我們為自己的幸福負責，也為我們的道德行為負責。

近年極簡約主義已成為熱門話題。當中的倡導者之一近藤麻理惠（Marie Kondo）是日本的「整理諮詢」和「收納」顧問。她主張通過有條不紊地將我們的財物集中管理，每次只分一類，然後只保留那些令人「怦然心動」的東西。近藤說，我們的每件財物都應發揮功能，而我們不必重複擁有多套：我們決定保留的物品應分別佔據我們家中的指定位置，以便我們可以輕鬆找到並充分善用它們。

極簡主義運動的另一個專家是山下秀子（Hideko Yamashita），她講解「斷捨離」（dan-sha-ri）的做法，這意味着斷絕不需要的東西，捨棄多餘的雜物，脫離對物件的執

「極簡主義和佛系」

着。在消費掛帥的經濟中，我們的購買決策更傾向由我們的慾望而不是由需要驅動。儘管我們都有基本的要求，讓身心得到飲食、衣物和住宿的滋養，但我們對設計、美觀和品質的渴望卻是自我滿足的體現。然而，這些慾望的對象通常出現在每個人的「必備品」列表上。富裕階層可能擁有各種用具、器皿、小玩意、衣物等，並非生活的必需亦也很少使用。而對社會上弱勢的階層來說，很多基本的生活亦無法保障、沒有得到滿足。

為生活留出更多的時間和精力

在消費經濟中的一個悖論是我們喜歡有不同的選擇，但是太多的選擇卻給我們壓力[1]。我們寧願衝動地購買然後任性地浪費。因為不僅決定買甚麼很難，購買後要能善用更難。如果我們能一切從簡，要做選擇就容易得多。據説喬布斯（Steve Jobs）、愛因斯坦和扎克伯格（Mark Zuckerberg）等成功人物每天都穿相似的簡單衣着，他們努力為生活中更重要的決定留出更多的時間和精力。

極簡主義的生活方式不一定是無聊，而是按情況專注一境。日本人所推崇的極簡主義很有「禪宗」的神髓，通過禪修收攝思緒和敏銳專注、提昇洞察力，簡潔而清晰、有品味而令人愉悅。以禪宗的精神與現代的正念練習結合，例如喝茶、插花和禪食，即使在非常簡單和基本的活動中，我們也可以找到更深刻的意義和經驗。

近年，網絡就佛系心態的熱烈討論不僅與上述的簡約生活方式不同，而且與佛學思想更不一樣。與飢渴、冒進和「狼性」的思維相比，佛系被描述為一種優悠或孤芳自賞的態度。佛系提倡者覺得現實世界的壓力太大了，寧願保持簡單；因為任何的選擇都不容易，所以最好「順其自然」。這種思維似乎與極簡主義相符，但是真正的極簡主義仍需要有意識的抉擇，要讓生活簡樸而又精彩，其實一點都不簡單。想像一下如果我們只可以選擇用一隻碗，要抗拒購買另一隻碗的慾望確實不容易，更何況其他讓人眼花繚亂的決策了。「佛系」和佛學思想也很不同，因為佛教講解無常、苦（或不如意事）和無我，並教導我們通過在日常生活中深入學習和實踐，對治貪婪的根源和過去積累的種種貪慾、瞋恚和愚癡。

看清自我和所經歷的外在世界

簡單而言，貪慾是渴望增加和擁有更多我們喜歡的（加號），瞋恚是渴望減少或推開我們不喜歡的（減號），並且無法看到我們的妄想和錯覺，包括種種好惡的觀念，即是愚癡（問號）。雖然佛系所表現出的淡薄似乎簡單而無拘無束，但在更深層面，這種灑脫不是建基於由超越種種纏縛的智慧。佛系思想中有強烈的冷漠和乏力，又或是不願接受任何觀點的厭惡感。

佛陀在《一切漏經》中解說：「諸比丘！我說由知、由見而有諸漏之盡。非由不知、不見也。」[2]

佛陀教導說，我們要有如實的了解和清楚的覺知，才能深信止息壓力和痛苦的需要。它要求我們了解並看清關於我們「自己」和我們所經歷的世界的真實本質。根據佛教的教義，這是無常、苦（或不如意事）和無我。「佛系」始終認為有一個真實而永恆的自我。正如佛陀所說，這表明他們並沒有真正擺脫痛苦和壓力。佛陀說這種錯誤的自我認知是真正的束縛，「被見結之所縛，而無聞凡夫、不得從生、老、死、愁、悲、苦、憂、惱而解脫。是故，此予謂之『不能脫苦』也。」[3]真正的佛教思想不同於虛妄或虛無主義，一定不會否定道德善行的價值，亦即不會否定每一個人潛力的發展。

佛教十分重視認清自我和外在世界的真實面貌；我們亦要明白幸福有不同的層次，考慮為更高的層次而犧牲較低層次：要獲得更高的自由需要努力和付出。我們要為自己的幸福負責，也要為我們的道德行為負責。

極簡主義和佛系的生活方式會否對消費經濟構成威脅？其實大家不用過慮，因為實情是只要強烈的「我」依然存在，就會有「我」的好惡。有好惡就有消費經濟，包括了支持極簡主義和佛系生活的消費。針對極簡主義者和佛系生活的新產品、廣告和品牌宣傳活動已經很快出現。極簡主義者或佛系也是一種身份形象；正如所有形象和身份一樣，維護它亦需要不少的消費！

參考資料

1 Schwartz, Barry. 2004. *The Paradox of Choice: Why More is Less*. New York: Ecco, HarperCollins Publishers.

2 《漢譯南傳大藏經》第九冊 No. 5 中部經典（第一卷至第四卷）第一篇根本五十經篇，初品根本法門品第二《一切漏經》http://cbetaonline.dila.edu.tw/zh/N0005_001

3 同2。

做好份工！

若然工作是生活的一部份，為何近年大家仍然要強調工作和生活的平衡（work-life balance）？

早前一家投資銀行的研究調查發現，香港每週平均工時超過五十小時，是世界之冠，較全球平均的三十六小時二十三分鐘高約四成。除了工時長之外，香港的有薪假期一年卻平均只有 17.2 日，比全球數據低[1]。工作佔據我們每日超過一半或更多的時間，對勤奮的香港人甚為重要。

市場經濟對工作生產力十分重視。亞當．史密斯的《國富論》將每年土地和國民勞力產出的實質價值，視為國家的財富[2]。現代本地生產總值（GDP）的增長，仍然被視為經濟發展中最關鍵的指標。在原始的經濟模式內，我們通過時間、勞力和智慧的付出，無論是耕作、捕獵還是織布，種瓜得瓜、種豆得豆，生產過程是相對實在、簡單和直接的。

「做好份工」

隨着經濟模式日漸複雜，加上貨幣的運用，我們的工作愈分愈細愈精，生產過程的最終產品和我們所負責的關係愈來愈弱，而我們辛勞的成果則轉為以金錢支付。大家很難想像一部智能手機的組裝牽涉過百個工序[3]，在流水線上的每位工人只負責一個小環節，而部份工序或已經簡約到可以被自動機器取代的程度。

另一方面，初級和再加工製造業亦衍生了相關服務的第三產業，在成熟的市場，金融、法律、銷售、廣告及其他服務業合計佔GDP的七至八成，香港的服務業則佔GDP的九成以上[4]。銷售品牌和服務環節附加價值的巨大：有報告指製造一部最新型手機的成本只佔零售價約三成半[5]；咖啡豆在原產地的成本只佔一杯咖啡收入約兩成，餘下八成的收入則由消費地的中間環節分成[6]。「實體生產」規模始終有限，但金融的「槓桿生產」卻能讓經濟規模倍增。二〇一五年美國股市的規模已經是GDP的1.7倍，香港股市的規模是GDP的12.7倍，衍生工具的規模更是天文數字[7]。槓桿雖然大但仍然有限，反而「無形生產」，如品牌、廣告、文化藝術等無形資產的增長幅度則是唯心的。在廣告界和科技界，一個好橋段、好設計和創意可以是無價的。

工作應滋養個人

不論是實體、槓桿還是無形生產的工作，只要還未被電腦或機械取代，人性的層面便不容忽視。現代佛教經濟學的重要學者 Schumacher 指出：「無情地將工作分割到沉悶和無意義的地步，意味着對產品的重視大於對人。」[8] 如果工作是互動、多面和具啓發性，我們在工作中除了獲得金錢上的回報以外，我們亦有機會和其他人交流、發展思考能力和專業技能。印度著名的哲學家和經濟學家 Kumarappa 認為工作對人類較高功能的真正意義，就有如食物對身體一樣：「它滋養和激勵一個高尚的人，推動人去竭盡所能。工作應引領人的自由意志和規範人的動物原始本性，在正確的路徑上求進前行。工作亦應為人提供一個極佳的平台，讓人展視他的價值觀和發展他的性格。」[9]

如果工作在現實中真的有這些功能，為何我們在初級經濟學課程上已將工作視為勞動，愈少愈好？而消費則是享受，愈多愈好的呢？為何工作雖然是生活的一部份，但是近年大家仍然要強調工作和生活的平衡（work-life balance）？不管我們的工作如何有意義，可以通過正能量轉化人和事令工作更加愉快，一般人仍然視工作為賺取工資以換取更多自由和享受的途徑。工作始終是工作，而非生活的目標和意義。難道工作已離生活愈來愈遠？這些都值得我們好好反思。

參考資料

1 〈香港打工仔全球工時最長每週超過 50 小時〉《星島日報》，2016 年 5 月 25 日。
2 譯自：Smith, Adam. 1843. *An Inquiry into the Nature and Causes of the Wealth of Nations*. p. 101. Edinburgh: Thomas Nelson.
3 http://theweek.com/articles/477892/what-takes-make-iphone-by-numbers
4 http://data.worldbank.org/indicator/NV.SRV.TETC.ZS
5 http://www.cnbc.com/2016/09/21/apples-iphone-7-more-expensive-to-make-ihs-markit.html
6 Talbot, John M. 1997. Where Does your Coffee Dollar Go? The Division of Income and Surplus Along the Coffee Commodity Chain. *Studies in Comparative International Development* 32 (1): p. 56-91.
7 World Bank. 2015. 2015 World Development Indicators. The World Bank. Accessed 2 October 2016. http://wdi.worldbank.org/table/5.4.
8 譯自：Schumacher, Ernst F. 1984. *Small is Beautiful: Economics as if People Mattered*. p. 45. London: Sphere Books Ltd. Original edition, 1973.
9 譯自：Kumarappa, Joseph C. 1957. *The Economy of Permanence*. p. 99. Varanasi: Sarva Seva Sangh Prakashan.

佛學詞彙 五：

中道

提到工作和生活平衡（work-life balance），令我想起佛教裏「中道」一詞，英文譯作 Middle Path。佛陀教導中道是希望比丘們在修行時能免於太偏激的觀念和行為，這也是佛陀證悟前在修行道上的一種體驗。凡夫在生活中經常墮入兩邊極端，例如對苦樂、得失過於執取；當我們感受到快樂，會自然地生起貪愛的念頭，希望這些樂受能夠更長久，相反對於苦受卻容易生起不滿，即使一瞬間也無法按捺。其實任何程度的快樂總會消逝，花再大的力氣也留不住；再困難痛苦的日子也有結束的一刻，苦盡甘來又是一項人生歷練。正當你對苦樂感受充斥了強烈執取時，心理狀態自然失去了平衡，可惜兩者走到極端都不能到達解脫自在的清淨地。修行者在日常生活中無論對快樂或痛苦都不應執着，只要如實地覺照這些生滅過程，不起執取任何一邊，並堅持精進地修習正知正念，定能輕裝上陣，實踐中道，早證菩提。

找份好工！

分辨工作好壞的考慮因素很多，正如生命是否有滿足感一樣，視乎不同的目標因人而異。

香港人工作時間長，但工作滿足感卻相對較其他地區低。早前一家研究公司訪問亞太地區員工的工作滿意度及投入程度，香港的參與只有28%，在七個地區中排第三低[1]。正如生命是否有滿足感一樣，分辨工作好壞的考慮因素很多，視乎不同的目標因人而異。以金錢為目標的可能會較重視工資，以權力為目標的重視階位，以服務他人為本的重視社會影響力，以人際關係為本的重視團隊相處是否融洽，以家庭為本的重視工餘與家人相處的時間等……

不管滿足感的來源是否一樣，工作在市場的競爭和壓力推動下變得愈來愈機械化、量化和同質化。倫敦經濟學院的 Sennett 教授在 *The Craftsman* 一書中批評市場經濟以社

「找份好工」

會責任或競爭的壓力，逼使員工放棄從提升工作質量中可能獲得的滿足感，市場對精益求精的匠心獨運似乎不再重視[2]。美國社會學家、哥倫比亞大學的 Mills 教授則在 *White Collar* 一書中剖析，對於一個匠人而言，產品和創作製造的過程就是工作的全部。因為他們的心思和成果合二為一，所以每個工作上的細節都是有意義的。他們亦能自主控制自己的工作，可以從中學習，運用和發展他們的潛力和技巧。因此，Mills 認為匠人的工作（work）、享樂（play）和文化之間的關連是不能分割的。匠人的「謀生」模式決定要融入他整個「生活」的模式當中[3]。如果我們的工作如匠人一樣，將工作（work）和生活（life）融為一體，那我們就不用再擔心在工作和生活當中取捨抉擇，要為生計而放棄生活了！

依循正命，自有幸福快樂

佛陀亦有教導，人不論是通過耕作、貿易、飼牧、射藝、政府公務還是其他技能謀生，只要是善巧和精勤，對工作具備良好的判斷，能去好好安排和完成它，那便可以算是「業有所成」，在現世中能夠獲得幸福和快樂[4]。然而，佛教的八正道說明，工作的幸福和快樂是要依循「正命」——正當謀生的工作。佛教強調我們的身心健康受日常生活的思想和行為影響，鼓勵我們從事有利於身心正面發展的工作，反之則不鼓勵。在《阿難問佛事吉凶經》中，佛陀對修行人如何通過合乎「正業」和「正命」去生活有詳細的指引[5]。其中在家人涉及販賣刀劍、人口、肉、酒、毒的五種業務屬於邪命[6]。

佛陀將為了追求財富而行騙的人比喻作只有一隻眼的人，將正確地辛勤、能明確分辨圓滿與不圓滿求財方法的人比喻為雙目具足的人[7]。佛陀視眾生平等，雖然提倡職業無分貴賤，但還是要正邪分明。職業的安排並非與生俱來，亦並非世襲，而是由人的行動去區分[8]。佛陀教導在家人如果能夠通過辛勤、勞力和汗水，以正當的方法獲得正財，這份財富就實在是值得大家讚揚和喜悅的[9]。

如果有幸找到一份好工，如何在工作中維持滿足感呢？如果還沒有找到理想的工作，又可以如何應對呢？

佛學詞彙六：

正命

「正命」一詞，英文譯作 Right Livelihood，是八正道裏其中一種修行方法和途徑；佛典裏指出佛教徒或修行者需要遠離邪命，以正命而營生。「正命」從字面可以理解作正當的謀生方式（職業）——「正」字在前文已提及，代表正確、全面和圓滿的意思；而「命」字就是謀生方法。那為何佛教會強調謀生方式？若果你的職業會對社會上其他人造成負面後果，它亦會轉化成為你和別人痛苦的根源，這明顯與佛教主張慈悲和自利利他的修行方式有所衝突。佛教講因果，假設有人為了謀生而做了任何不當的事，並給別人帶來了痛苦或者使別人受到傷害；這些惡念惡行亦會同時影響到自己的意識和精神狀態，生起煩惱，令其身心受到煎熬，更意味着距離修行的正途越來越遠。

參考資料

1 工作開心，抑或薪高重要？工作滿意度港排尾二，《經濟日報》，2016年6月28日。http://topick.hket.com/article/1450845/工作開心、抑或薪高重要？工作滿意度港排尾二

2 Richard Sennett, *The Craftsman*, New Haven: Yale University Press, 2008, p 28.

3 C. Wright Mills, *White Collar: The American Middle Classes*, New York: Oxford University Press, 2002, pp 220-223. Original edition, 1951.

4 《CBETA 電子佛典集成》南傳（N），第23冊，No.0007，增支部經典第8卷，八集第54，[0177a07-0177a10]。http://tripitaka.cbeta.org/N23n0007_008

5 《CBETA 電子佛典集成》大正藏（T），第14冊，No. 0492a，第1卷，《阿難問佛事吉凶經》http://tripitaka.cbeta.org/en/T14n0492a_001

6 《CBETA 電子佛典集成》南傳（N），第21冊，No.0007，增支部經典第5卷，五集第177，[0246a02-0246a04]。http://tripitaka.cbeta.org/N21n0007_005

7 Bhikkhu Bodhi, "Blind" (Aṅguttara Nikāya 1.29), in *The Numerical Discourses of the Buddha: A Translation of the Aṅguttara Nikāya*. Translated from Pali by Bhikkhu Bodhi, Somerville: Wisdom Publications, 2012, pp 129-130.

8 Bhikkhu Ñāṇamoli and Bhikkhu Bodhi, "Vāseṭṭha Sutta", in *The Middle Length Discourses of the Buddha: A Translation of the Majjhima Nikāya*, Somerville: Wisdom Publications, 1995, p 801.

9 《CBETA 電子佛典集成》南傳（N），第23冊，No.0007，增支部經典第8卷，八集第54，[0177a12]。http://tripitaka.cbeta.org/ko/N23n0007_008

為甚麼辛苦工作卻不開心？

既然工作是為了生計、而生計的目標又是為了生活，那就不應該為了生計而犧牲生活的熱情，不應該活在不安和恐懼中。

上班族即使原本以為找到好工作，但要在工作上維持滿足感卻並非易事。在討論工作上的滿足感前，我們可以先探討人對日常生活幸福快樂的看法。研究國民幸福指數（Gross National Happiness, GNH）的 Tideman 指出，直接量度快樂可能會將短線感官上的快樂和更深層次的內在感受混為一談[1]。另外一項研究發現，即使屢敗屢試，人對將來發生的事仍然充滿盼望，設想這些事如何令我們快樂。然而，我們卻常常低估了事情背後的種種情境因素、對我們的預期感受和體驗的影響。換句話說，我們通常誤解甚麼東西會讓我們快樂、可以令我們有多快樂、或者我們的快樂可以有多長久[2]。

將以上的研究套入工作的情況當中，我們在開始新工作時總會有各種美好的想法，

「愉快工作」

幻想新公司在滿足我們金錢回報的同時，又有機會一展抱負，同事間同心同德。入職時的感覺有如初戀一樣，大家都客客氣氣，相敬如賓。蜜月期過後，老闆要求提高，同事不再客氣，再加上工作時遇上困難，又要加班，又要競爭比較，自然灰心喪氣，覺得受騙又或者選擇錯誤！韓國智光禪師《工作禪》[3]一書的副題是：「為甚麼辛苦付出卻不開心」。為甚麼沒有工作的努力找工作，但有工作的卻因為不開心而又要再努力找工作，又或者厭惡工作、不想工作？

了解自己及世界，才可享受工作

正如書中所說，既然工作是為了生計、而生計的目標又是為了生活，那就不應該為了生計而犧牲生活的熱情，不應該活在不安和恐懼中。要快樂工作，除了要找份好工、做好份工之外，心態亦是十分重要的。由於工作離不開人和事，處理人和事的成敗會大大影響工作的滿足感。如果對事靠智商（IQ），那對人就要靠情商（EQ）了！說到情商，在矽谷享負盛名的領導課程「Search Inside Yourself（SIYLI）」[4]是以情商為基礎的培訓。

按照情商鼻祖 Daniel Goleman 的分析，情商的發展是通過對自我的認知，進而提升自我管理的能力。在這個過程中，我們將自己的推動力、價值觀和能力結合，增加我們在面對困難時的抗逆能力和對大眾的同理心，通過良好的社交溝通能力群策群力。正如最近聽性空長老精闢的開示：如果我們不能夠了解「自己」，就不能夠了解「他」。不了解「自己」、又不了解「他」，又如何能夠了解「世界」的經驗呢？不了解世界的經驗，我們就不能夠過愉快的日子。

馮孝忠在《轉工前，停一停想清楚》[5]一書中分析了各行業的個案，帶出多項職場智慧：如何尋回自我、在夢想和市場實況之間靈活應變。他建議大家在心動計劃轉職前停一停、想清楚，列出一份「辭職前的檢查清單」。楊大偉在《開工正能量》[6]中探討大家在職場遇上的種種問題和困惑，指出佛陀在二千五百年前作為佛法團隊的 CEO，已提出管理在於管理自己的心。按這個道理，開工時如果可以通過培養覺性，了解「自己」、了解「他」、了解公司和市場、了解「世界」，才能將負能量轉化成正能量，愉快地享受工作。

佛學詞彙七：

觀

要了解自己及世界才會享受工作，該是從哪個方向和怎樣去了解？通常我們會透過觀察而對自己或身邊的人和事達致某個程度的了解，這流程在佛教裏稱為「觀」或「內觀」，英文譯作 Insight，具備深入和專注地觀看，用智慧來觀察的意思。內觀修行主要以身體、感受、心和法（現象）四方面去觀察身和心的狀態及變化；目標是在個人體驗裏能達到持續和穩定的覺察力，繼而使心識處於較為平靜的狀態。佛教視內觀修行為身心的淨化過程，在戒、定、慧三學裏屬於慧學部份；持續修習內觀，除了專注力可以提升，更能有效地開發智慧以擺脫感官世間的束縛，一切不安情緒和恐懼都能輕易化解。

參考資料

1 Tideman, Sander G. (2004). "Gross National Happiness: Towards a New Paradigm in Economics." in *Karma Ura & Karma Galay (Eds.)*, Proceedings of the First International Conference on Operationalization of Gross National Happiness. p.240. Bhutan: The Center for Bhutan Studies.

2 Dunn, Elizabeth W., Gilbert, Daniel T. & Wilson, Timothy D. (2011)." If Money Doesn't Make You Happy, then You Probably Aren't Spending It Right." *Journal of Consumer Psychology,* 21, pp. 115-125.

3 智光禪師：《工作禪——為甚麼辛苦付出卻不開心》，中央編譯出版社，劉珊珊譯，2010。

4 Tan, Chade-Meng. (2014). *Search Inside Yourself: The Unexpected Path to Achieving Success, Happiness (and World Peace).* New York: HarperOne.

5 馮孝忠《轉工前，停一停想清楚》，皇冠出版社（香港）有限公司，2014 年。

6 楊大偉《開工正能量》，皇冠出版社（香港）有限公司，2013 年。

人工智能會否取代人類？

這是一個過程，首先將人的行動和思維能力劃分為可定義的、重複的和可複製的步驟，然後引入機器自動化以模仿人類的操作，最後以機械或計算機代替人類。

二〇一七年第一週，一個令新舊社會同樣震驚的消息——由Google DeepMind在倫敦開發的一款用於弈棋的人工智能（AI）程序AlphaGo，以壓倒性的優勢戰勝了世界級的圍棋大師。當AlphaGo的程式開發人員在慶祝這一非凡成就時，許多專家就人工智能對人類生存的潛在威脅深感不安。儘管著名的企業家、工程師和發明家馬斯克（Elon Musk），在太陽能、電動汽車和太空火箭等技術領域上取得非凡的成就，但他卻將人工智能的發展描述為「魔鬼的召喚」，還有可能成為人類面臨的最大威脅。劍橋大學存在風險研究中心的創始人馬丁．里斯（Martin Rees）也有類似的擔憂。

儘管科技在通信、運輸、醫療保健等範疇為我們的日常生活帶來了不少方便，但很少人會考慮這些創新對我們的潛在傷害。人類似乎不大認真看待AI失去控制的可能性，以為只是科幻電影，如《未來戰士（終結者）》電影系列和《智能叛變（我，機器人）》（I, Robot）中電腦合成的科幻影像一樣。

對商品大於對人的關注

就人工智能的倫理意義而言，本文着重於經濟觀點。早期的經濟學家如亞當·史密斯（Adam Smith）稱讚分工是允許專業化和交易的重要市場發展。然而，當代政治經濟學家批評分工是將人視為機器，最終用實際的機器代替過時的人力勞動。馬克思以對資本主義的強烈批評而聞名，他認為增加專業化只會降低工人的技能和精神，讓工人與工作最終產品的關係越來越疏遠。佛教經濟學的開創者舒馬赫（Ernst Schumacher）也批評無情的分工使工作變得無聊，證明「對商品大於對人的關注，缺乏同情心和破壞人的靈性。這是他在世俗生活中最原始的一面」[1]。

機器的興起和對人類生存的潛在威脅已成為歷史的一部份，始於原始石器的使用，進而鑄造金屬工具、發明蒸汽機、電力、移動通信、電腦等……這是一個過程，首先將人的行動和思維能力劃分為可定義的、重複的和可複製的步驟，然後引入機器自動化以模仿人類的操作，最後以機械或計算機代替人類。諮詢顧問公司麥肯錫（McKinsey & Company）的最新報告探討「機器可以替代人類的地方，以及機器無法替代的地方」。其分析表明，自動化將產生重大影響，「或多或少地影響所有工作」。在某些情況下，自動化可能會完全消除某些工作職能，特別是在製造業中，即使是知識型行業也處於危險之中。

麥肯錫報告還認為，技術可行性是開拓自動化潛力的重要考慮因素。反過來說，可以通過工作職能而不是職業來評估技術可行性。例如，可預測的體力勞動對自動化的技術可行性（百分之七十八）要比不可預測的體力勞動（百分之二十五）高得多。要實現自動化最困難的工作職能是涉及管理和人力資源開發的職能（佔百分之九），以及在決策、計劃或創造性工作中應用專業知識的職能（佔百分之十八）。從本質上而言，涉及深厚專業知識的工作職能，難以清晰定義的活動以及人與機器的交換，自動化技術的可行性要低得多。

發展人的潛能

儘管AlphaGo的勝利展示了人工智能的潛力似乎無限——該軟件甚至能夠複製和取代圍棋大師某些方面的直覺思維，我們決不能低估人類獨特的潛力。以電腦影像識辨系統為例，斯坦福大學的李飛飛教授等科學家利用多年來的研究，用機器學習和大數據來訓練一台超級電腦，以便在複雜的環境下以視覺去區分目標對象的特定部份，像識別咖啡桌上的各種物品一樣簡單。佛教認為人類思想的繁衍和概念化能力驚人，在不同組合模式中正確區分上文下理的能力遠超當今人工智能的能力範圍。令人難以置信的是現在人工智能仍然很難區分「建築物前戰士騎在馬匹上的青銅雕像」與「在街上建築物旁邊騎馬的男人」之間的差別，它亦未能從似乎毫無感情的二維家庭照片中，欣賞當中所表達的人物故事。

雖然智能機器在不竭地追趕人類掌握概念和衍生思想的能力，人類的思維能力仍可

以通過超越貪婪、瞋恚和愚癡的束縛和染習而繼續在這場競賽中領先。與其將精力集中在無休止地滿足消費慾，我們可以利用科技應用來進一步發展我們的思維能力，可以將更多資源用於發展人的潛能。如果我們在教育和醫療上花更多的時間和資源，將有助於我們的身心健康。如果在具有相對優勢的領域上進行投資，例如人與人之間的互動以及實現正念、道德和智慧的更深層次的認知識。我們可以在這場比賽中保持領先地位並保住工作，讓我們的人性和數千年的智慧不被浪費或枯竭。雖然人工智能可能經過一段時間學習後亦能發展出完整的視覺識別能力，而機器將需要更長的時間來體會正義、空虛和同情心等概念。

參考資料

1 Schumacher, Ernst F. 1984. *Small is Beautiful: Economics as if People Mattered*. London: Sphere Books. Original edition 1973.

競爭與協作

人比人

經濟發展水平的提高本應對個人福祉和快樂有正面的關係，但美國賓夕法尼亞大學健康經濟學家 Pham-Kanter 的研究指出，有關相對收入水平的定義，有其主觀而非客觀的影響。

人對收入水平的識知，不只是客觀的，亦受主觀的影響。我們在檢視自己的幸福感時，會主觀地選擇與社交群組相比較。如果我們在所選的群組中的相對收入較低，幸福感會降低。有關的研究亦指出相對收入較低，與壓力相連的健康問題有關。所以 Pham-Kanter 的研究題目為：「社交比較和健康：擁有更富有的朋友和鄰居會令人生病嗎？」[1]

除了相對和絕對收入的比較外，快樂的感覺亦受我們對收入增長的適應速度影響[2]。相對而言，在收入平均線以下和超級高收入的群組內，快樂感不會太容易受到自己與群

「人比人」

組內的相對收入改變影響[3]。研究結果可能和大家的願望比較有差距，但是現實生活中的例子比比皆是！這正是平常說「人比人，比死人」的智慧！

如何用錢，決定是否快樂

心理學學者 Dunn、Gibert 及 Wilson 指出，金錢只能為我們提供快樂的機會，有了快樂的機會是否會快樂，則有賴於如何運用金錢而非在於擁有金錢的多寡[4]。他們提出能讓我們更容易快樂的用錢方法：（一）用於體驗而非物質；（二）用於利益他人而非利益自己；（三）用於多項細小的愉快而非少項大型的快樂事件——正如村上春樹所說的「小確幸」；（四）少花費於昂貴的保險和保養費；（五）延遲消費；（六）多考慮消費習慣對日常生活的周邊影響；（七）注意比較性消費，而不是人有我有；（八）更關注他人的快樂。他們認為物質所帶來的快樂很容易減退，而正面的體驗卻不容易磨滅，特別是對正面經歷的預期和回憶。現今快速的、即食的消費文化令我們不耐煩，習慣即時的滿足和短視消費。反之，延遲消費可以讓我們更了解消費對我們的影響，加強對快樂的預期。對快樂事情的預期本身已經是免費的快樂泉源，比實質的消費和回味過去的經歷可以帶來更大的快樂[5]。

我們一般專注金錢和消費如何讓我們快樂，但是我們更應該全面了解背後的原因，究竟甚麼能讓其他人快樂？甚麼能讓我們快樂？有研究指出「人有我有」的社交網絡世代會容易引發大家的妒忌心、損害我們的自尊心，甚至令我們更加感覺孤獨。大家都樂於分享各自的幸福泉源，但是幸福背後的艱辛和取捨，又有多少人會關心和 like 呢？另有研究發現，正面的情緒比負面的情緒在臉書上有更強的擴散力。儘管擴散力有所不同，最終在社交網絡的正面信息還是較負面信息多，社交網絡會否令我們因為有更多的比較而作更多的不滿；還是藉着資訊科技的發達，我們對彼此有更深入的了解、更積極的交流，這始終取決於用家的心態和選擇。

佛學詞彙八：

瞋心

「貪、瞋、癡」在佛教裏稱為「三毒」，而「瞋心」就是這三種根本煩惱之一，中文可解作憤怒、厭惡、侵略等意思，也代表某程度的畏懼，英文常譯作 Anger 或 Aversion；而這種帶有負面情緒的心理狀況卻極具破壞力。當一個人起瞋心時，往往是因為想得到但卻無法得到的人和事，或者被迫接受一些他們所厭惡的種種情況。內心因而生起各種負面情緒，甚至產生憤怒和仇恨，惡業的種子亦因此而種下。若修行者想對治瞋心，修持「正念」相信是不二法門，只要時刻培養和訓練自我覺知的心理狀態，多注意自我內心的感受和反應；即使處境困難，生活再不如意；也可以冷靜地安然面對，並將瞋心及時管控在萌芽階段，往後會發現，心中怒火就能自然地逐漸消散。如果修行者可以在這方面持續修習，他日必定能夠輕易地從世間各式各樣的負面情緒中走脫出來，以確保心靈上走向平靜與安定。

參考資料

1 Pham-Kanter, Genevieve. (2009). "Social Comparisons and Health: Can Having Richer Friends and Neighbors Make You Sick? " *Social Science & Medicine*, 69 (3), 335-344.
2 Layard, Richard. (2006). "Happiness and Public Policy: A Challenge to the Profession." *The Economic Journal*, 116 (510), C24-C33.
3 Dynan, Karen E. & Enrichetta Ravina. (2007). "Increasing Income Inequality, External Habits, and Self-Reported Happiness." *American Economic Review*, 97 (2), 226-231.
4 Dunn, Elizabeth W., Daniel T. Gilbert, & Timothy D. Wilson. (2011). "If Money Doesn't Make You Happy, Then You Probably Aren't Spending It Right." *Journal of Consumer Psychology,* 21, 115-125.
5 同4。

大鵬與麻雀：比較的心來自哪裏？

人與人之間的比較（包括今日的我、昨天的我和明日的我之間的比較）解決不了問題。問題是我們有否珍惜各自的條件去尋求幸福和進步？光是「葡萄」別人的條件和情況，只有酸的味道！

禪宗有一個故事[1]，話說學僧道岫修持精進，但是遲遲未有所悟。相比之下，同門師兄弟有一些比他入門的時間較短，但都各有所成。

久而久之，他漸漸生起退轉心，覺得禪修好像不太適合自己。既然自己又不夠幽默、又無禪師的機靈，不如去修苦行罷了！

道岫去意已決，收拾行裝後便到法堂向廣圄禪師告辭。廣圄禪師問：「哦！為甚麼還沒覺悟就要走呢？難道到別處就可以覺悟嗎？」道岫向禪師剖白，覺得不管自己多用功都不及其他師兄弟，實在太累了！廣圄禪師開示道：「悟，是一種內在本性的流露，

「比較的心來自哪裏」

根本無法形容，也無法傳達給別人，更是學不來，也急不得的。別人是別人的境界，你修你的禪道……」一道岫回應禪師說自己每次與同修比較，就好像小麻雀和大鵬鳥的比較，自己十分慚愧！別人好像大鵬一樣能遠飛千里，自己就只能在方圓內活動！廣圄禪師反問何謂大、何謂小：「大鵬鳥一展翅能飛越幾百里，牠已經飛越了生死嗎？」

我們常常與他人比較，反而愈比愈讓自己不快樂。人比人，不單是世俗事務榮辱得失的比較，在修行路上，我們亦難免比較。其中一個原因，是我們的比較心、由喜樂憎惡的心出發：見別人好，但是由於別人的成就和擁有的都不屬於我，所以我們希望人有我有、起了貪念。求之不得自然就會輾轉反側，甚至要與人爭鬥、敵對，成為困苦或不滿的來源。

妄想諸支生起分別心，形成比較

在《帝釋所問經》中[2]，帝釋問佛陀為何天、人、阿修羅等都希望能夠時時無恚心、無刑罰、無對敵、無瞋心，但是為甚麼都不能如願呢？佛陀回答說，天、人、阿修羅等皆有嫉「妒」、慳「貪」之心，所以有恚心、刑罰、對敵、瞋心。但是嫉妒、慳貪之心的源頭是甚麼？佛陀教導：嫉妒、慳貪的源頭是愛與憎，愛憎的源頭是慾、慾的源頭是尋，尋的源頭是妄想諸支。妄想諸支可說是分別心的根本。

要滅除妄想諸支，佛陀說要識別在喜、憂、捨、身、口、遍尋、眼、耳、鼻、舌、身、意等各方面，哪些是應該親近、哪些是不應該親近。即是要注意處處、時時修行！特別是人對自我的執着，凡夫誤以為「此是我所，此是我，此是我體」[3]。由「我」的執着自然衍生有「非我」（我和你）的對立，因而有所爭、有所比較。其實別人快樂與否，如人飲水，冷暖自知。正如廣圄禪師所說，所謂的大小高低，都是我們的分別心在作用。

人與人之間的比較（包括今日的我、昨天的我和明日的我之間的比較）根本解決不了問題。根本的問題是我們有否珍惜各自的條件去尋求幸福和進步？光是「葡萄」別人的條件和情況，只有酸的味道！正如光看菜單不會飽，光看人家吃自己也不會飽，而且大富人家日日珍饈百味也會擔心「三高」，都想要清茶淡飯。各人有各人的喜與悲，家家有本難唸的經。如果因比較而感覺不足，由不足而生貪瞋癡的心，只會跌入不斷比較的「怪獸」循環。

佛學詞彙九：

我執

「我執」一詞無論是佛弟子或普通人都一定略有所聞和了解，而這個佛學用詞事實上是表達妄執自我的慾念或人有一個實在我體，一切以自我為中心，固執己見；英文的對應字常譯作 Self-grasping 或 Attachment to self。當你翻閱《大藏經》，會發現佛典以眾多篇幅去介紹各式各樣法門，只希望幫助世人如何破除我執。正因為這種執見隱藏在我們每個人的深層意識裏，總會執着一些不該執着的人和事，即使心存錯誤見解，也會堅持錯下去；可想而知要把它徹底了斷，就必須要有能斷金剛般的意志和智慧。正如在前文部份有提及佛典教導弟子們「五蘊無我」之理論，只希望修行者可以降服心中固有的一個「我」，並理解到每個人都只是五蘊之因緣聚合，即使有一天緣散而滅也是一件自然的事，不用太執着。

參考資料

1 《佛光電子大藏經》禪藏，語錄部，星雲禪話二，星雲禪話第四集，頁 623-624。

2 《CBETA 電子佛典集成》南傳（N），第十五冊，No.0006，相應部經典，第二十二卷，[0261a06-0266a14]。http://tripitaka.cbeta.org/N15n0006_022

3 《CBETA 電子佛典集成》南傳（N），第七冊，No.0004，《長部經典》第二十一卷，[0099a04]。http://tripitaka.cbeta.org/N07n0004_021

佳節親友共聚問候，我們是否在互相計度？

> 我們把外在的準則加於自己身上，以可見可度的外物為衡量人生的指標。家人朋友見少一兩次不會立即疏離，但是長久而言，家庭的溝通和關係破裂就是因為積勞成疾。

佳節親友共聚互相問候近況：結婚？生小孩？升職？買車？買樓？雖然多數是友善的提點，但難免令人有壓力。不經不覺，外間的要求亦潛移默化，好像如果人生未能達到這些標準，我們就會被比下去。面對種種的追逐，有些人樂在其中，有些人喘不過氣，亦有些人完全置之不理。

現今企業要衡量成績，強調要有可計度的指標。哈佛大學管理學教授 Clayton Christensen 是破壞性創新（disruptive innovation）理論的先驅，致力研究企業創新成敗或被淘汰的關鍵。其中一個反思是商業社會以指標定勝負：規模、比率、增長率等，只要

「佳節親友共聚問候」

將抽象的質量概念量化，大家便可以方便管理、隨着目標進發，達標則「成」，不達標則「敗」。如果不想失敗，便要按指標辦事，順者昌、逆者亡。教授發現這種模式令人急功近利，為了短線的小利而放棄長遠的考量，而長遠的目標亦變得愈來愈不重要。這些數據背後的意義亦不要緊，企業只要求更高、更多、更快。在這個過程中，它們會變得短視，缺乏創新和突破，更不願意長線投入去換取短期見不到的成果。

衡量人生多短視，少持之以恆

Christensen 教授讓他的學生以企業成敗的理論去檢視自己的人生：「你將會如何衡量你的一生？」（How Will You Measure Your Life?）[1] 教授發現我們對自己的人生亦有計度和短視的傾向。我們把外在的準則加於自己身上，以可見可度的外物為衡量人生的指標。相對而言，短期不見效的時間和精力投放就有點不值得了！家人朋友見少一兩次不會立即疏離，但是長久而言，家庭的溝通和關係破裂就是因為積勞成疾。反而有益的生活習慣和鍛煉，因為不能每日持之以恆就會半途而廢。所以教授認為百分百有紀律比選擇性守紀律容易。這亦是「寧可短、不可斷」和「勿以善小而不為，勿以惡小而為之」的意義。

為人師長父母者一定知道水滴石穿、百年樹人的道理。當年反叛的年輕人幾十年後成家立室，對師長不捨不棄教導的一句道謝，勝過升職加薪。領導力專家 Simon Sinek 告誡領導層[2]，要反思他們對團隊的重要意義。如果領導為了數字，甚至為了自身利益而犧牲團隊，那團隊之間又有何互信互助可言？正如家人不會因為子女不達標而斷絕關係，領導亦不應視團隊如工具，在劣境時就捨棄；主管應該提供合適環境讓團隊各展所長。

當然現今商業社會再沒有鐵飯碗，所以企業在招聘的時候就要十分慎重。除了親人無法挑選、無法斷絕關係之外，其他的關係在現今社會都比較脆弱，大家都容易放棄。正所謂「菩薩畏因，凡夫畏果」。種了因、結了緣就有一連串的運作，有緣時就要珍惜，緣散時亦不要失望。如果緣份未盡卻時要強行割裂，就要靠很大的外力去扭轉，大家要知恩惜緣！

緣

「世間所有的相遇，都是久別重逢。」這句子是來自於一齣電影的旁白，骨子裏想表達有關「緣」字的內在含意，這個字在佛教裏也佔着相當重要的地位。「緣」直接一點的解釋就是條件和助力，佛教理解宇宙萬物種種現象，只是眾多因緣和合而生；眾緣具足而生，緣散而滅。常聽説「廣結善緣」，可以理解作和眾多好條件和助力結合，那善果報也自然會隨之而來臨。其實緣起緣滅是一種自然過程，即使天地萬物，一切眾生的相互關係，亦必然緊從這法則而產生變化，其本質就是無常，所以不必過於執着，只要我們以平常心去觀照，心情和精神狀態都可以得以保持長期穩定。

參考資料

1 Clayton Christensen, How Will You Measure Your Life? https://tedxboston.org/speaker/christensen-1

2 Simon Sinek, Why good leaders make you feel safe? https://www.ted.com/talks/simon_sinek_why_good_leaders_make_you_feel_safe

做一隻有情的刺猬

要解決現今社會合作的問題，除了溝通、管理、政治等技術外，佛教對人心的理解和修習亦有深遠的貢獻。

一群刺猬在寒冷中嘗試互相靠攏取暖，發現愈近愈暖，於是愈行愈近。一旦緊靠了，卻忽然被身邊的刺猬刺傷，本能反應又反刺對方。走得太近會互相刺傷，太遠又不能抵禦寒冷，唯有保持恰到好處的距離。這個理論可以應用於日常的人際關係當中，不論是家人、情人、同事、朋友亦如是。

雖然這個刺猬困境理論（Hedgehog's dilemma）由哲學家叔本華提出，但是筆者卻是在年輕時從作家三毛的著作中第一次接觸。當時記得的第一反應是覺得刺猬很蠢，如果想取暖為何不放下防衛的刺，讓大家可以靠近一點呢？筆者又想起青蛙送蠍子過河的故事：蠍子求青蛙背自己過河，明明答應了不會傷害青蛙，卻又在臨到岸前螫了青蛙一下。

「做一隻有情的刺猬」

中毒的青蛙問溺水的蠍子：「為甚麼？」蠍子說：「這是我的天性。」

人天生愛相爭，應學習互相欣賞

人類亦有其互相侵害的天性，而這些天性都是經年累月演化而成。在市場經濟當中，明明合作互惠共贏比單打獨鬥好，但是為何還要「起扛」，自己人先內鬥一番？明明一家人血肉相親，為何要鬥到反目成仇？原本情人眼中的西施，為何變成冤家的眼中釘？

要解決現今社會合作的問題，除了溝通、管理、政治等技巧外，佛教對人心的理解和修習亦有深遠的貢獻。不同的個體走在一起成家立業，一定有共通欣賞互補的地方。但是頂級的鑽石在超級放大鏡下觀察都可能有瑕疵，日久生情之後又因為深入了解而日久生厭。憎愛分別的心就是我們的刺，亦是我們的天性。試回想 Facebook 以前只有 Like 的選項，大家就算不按 Like 亦不用 Angry。現在可以選 Angry、選 Sad，就反而更覺好 Angry、好 Sad 了！有朋友說不表達不宣洩很壓抑，但是表達了宣洩了以後，又可以拉近大家的距離嗎？可以抒解內心的不滿嗎？

在不同跑道上歷練 發揮自我潛能

或許競爭的意義不在於在單一跑道上尋找唯一的贏家，而是在通過不同跑道上的歷練，讓我們發展各自的潛能，不斷自我提升。

不少朋友對徐志摩的《偶然》都能倒背如流：

> 我是天空裏的一片雲／偶爾投影在你的波心／你不必訝異，更無須歡喜／在轉瞬間消滅了蹤影／你我相逢在黑夜的海上／你有你的，我有我的，方向／你記得也好／最好你忘掉／在這交會時互放的光亮

這首詩的意境是回憶人生的偶然，相逢剎那間令人怦然心動，是短暫但也是燦爛的。

雖然在這一刻相遇，但不能相愛卻是令人苦惱的。這首詩精妙的地方在於點出平靜淡然

「在不同跑道上歷練」

中有煙花的熾熱耀眼，詩人在無奈中又嘗試帶上一份灑脫。但是人到受外境影響，在偶然相遇過後希望關係可以永遠不變。

無論是想保留愛情，還是想爭勝贏出，緣起法如實地指出「此有故彼有，此生故彼生，此無故彼無，此滅故彼滅」的道理。因緣成熟時我們所愛的、所爭的結聚，因緣散時我們所愛的、所爭的壞滅。不管年輕時覺得是多麼密不可分的人和事，年長後發覺都有機會變。曾經鬥個你死我活的對手，今天已不知所終了。有時是外在環境改變，但更多時候是自己的心態變了。

與競爭者相遇也是緣

市場經濟強調競爭是進步的源頭，由不斷的比較和追求引領人類向前進步。而達爾文物競天擇的進化論，更令人覺得弱肉強食、你爭我奪是自然的規律。然而大家有沒有想過，不論是相愛還是相爭，或許只是不同人在某一人生跑道上的偶遇呢？原本各不相干、各自生活的兩個人，在因緣際會下相遇相知。不論是同學、同事間數年或數月的相處，還是親人共同分享生命的數十年，都是一份緣。另一方面，競爭對手不論是兒時爭「櫈仔」、爭成績的玩伴和同學，還是長大後爭權爭利的同事和對手，都只是天時地利人和的結合，讓大家在同一跑道上相遇。無論是徐志摩和林徽因交會時互放的光亮，還是國與國之間衝突，緣聚的時候大家應該珍惜，緣滅時亦無須有任何惋惜而作強求。正如長大後我們已經忘記小時候爭玩具的「敵人」，畢業十多年後履歷亦不會再提及大學成績的平均分了。

市場對競爭的重視無疑是由於資源有限，成功者會獲得較多的資源分配，所以大家要爭學位、爭成績、爭上位。小時候玩具當然重要，成長時學業、事業、愛情、健康、家庭和朋友則取而代之成為我們的新目標。原本人生每一階段的跑道都各有不同，但現今市場強調向錢看，所以大家都變成了急功近利的一群。雖然每人的個性、能力不一，但偏偏要被擠擁在同一跑道上競賽。當大家都強調贏在起跑線時，或許我們應想想是否該受單一的跑線所局限而作困獸鬥？如果是跳高的能手，又怎麼會去比賽短跑？如果有音樂天份的，又為何要苦讀數學做投資銀行家呢？

或許競爭的意義不在於在單一跑道上尋找唯一的贏家，而是在通過不同跑道上的歷練，讓我們發展各自的潛能，不斷自我提升。筆者不少朋友的成功源自敢於踏上不同的跑道。雖然中學時大家都是讀理科，但最終慢慢找到屬於自己的一片天空，在各行各業中找到發揮的機會，有的做臨床心理學研究，有的則在廣告行業發揮，各自各精彩。

將心比心的慈悲與智慧

如果要有可持續的發展，便要採納協作的模式（collaborative model）去關心他人，為生態體系內的每一個單元創造價值。建構一個良性循環，以構建各持份者相互滿足的關係視為真正的成就。

新時代競爭與協作的佛教啟示

人愛好比較，令自己徒生煩惱。如果換一個角度，無論是合作的好夥伴還是競爭上的對手，都只是人生跑道上的偶然相遇，各自精彩。在經濟發展初期資源困乏，加上技術限制了資源共享，競爭獨佔在所難免。以古代為例，玄奘法師千里西行取經，途中高昌國王深知大師難遇，欲重禮強留法師，執意懇求他永遠留住。大師取經回國後，完成了大量的翻譯和印刷工作，每一本經書都是珍藏。反而今日科技發達，大部份的經典都

「將心比心的慈悲與智慧」

能夠在彈指之間從互聯網下載，不少佛學的講座亦已經可以作全球同步直播共享了。

建構一個良性循環

如果過去由於物質上的障礙促使競爭、衝突甚至戰爭出現，還算情有可原，那互聯網的世代又是否應該可以成就合作、分享、共贏的理想大同世界呢？如果說，「自利」為主的市場經濟着重競爭，那麼「利他」的佛教經濟學則強調合作。進步由自身的修習出發，由「諸惡莫作，眾善奉行，自淨其意……」，到「自利利他」的精神都是你好我好。見別人有成就，如果生瞋恚心則減損自己的修行，生隨喜心則增長福慧。市場經濟的競爭着重私利的最大化，然而天下沒有的免費午餐，要有最大化的成績就有一定的付出。有時付出的是時間、精力，有時要付出的代價會牽涉到社會的其他階層和界別，或地球生態、資源和環境。Tencati & Zsolnai[1]指出，如果要有可持續的發展，便要採納協作（collaborative model）的模式去關心他人，為生態體系內的每一個單元創造價值。建構一個良性循環，以各持份者相互滿足的關係視為真正的成就。

真正的協作是我中有你、你中有我的。無論是在家庭還是工作上，團結和合作的最大障礙始終是私心。佛法指出我們放不下對自我的執着，由我的妄見而生起「人」和「我」的對立，再而是屬於我的貪愛和厭惡等。如果能夠從緣起法認真分析，一個團隊的上司和下屬的關係亦是「此有故彼有」，一個家庭的親屬關係亦是相互依靠而存在。正如市場的供應方和需求方，人和周邊的環境都一樣。否則贏了全世界，自己亦會共輸！

將心比心的慈悲與智慧

共享經濟時代需要的不再只是資源的掌控，而是將心比心的慈悲與智慧。因為當知識技術再沒有藩籬，地域時間不再是障礙，剩下的關鍵只是人的「心」。信心的機制是現時網絡平台的重要考慮，因為只要大家簡單按一下 Like 和 Buy，全球的網民和資源都可以通達。對於如何將自私自利的爭鬥心轉化成同理心，佛教的悲智是關鍵。一行禪師提出，實質的改變需要大家出離各種二元分別的觀念，照見互即互入（interbeing）、不一不二的悲智：

我們身上帶着大地母親……她不在你的身外，也不只是你所處的環境。在那互即互入的智慧當中，與大地真實的溝通是有可能的……改變不只是改變身外之物……恐懼、分別、瞋恨、忿怒源於邪見：誤以為你和大地是兩個不一樣的實體，以為大地只是你所處的環境[2]。

正如在家庭或者在工作上，如果看不見父子的骨肉親情，看不見團隊的同心同德，就只會見到對立、代溝、互相看不順眼的對立狀態。要培養互即互入、不一不二的慈悲智慧，經論中提供有很詳細的修習指南，亦是佛教經濟學在共享經濟上的重大貢獻。

參考資料

1 Tencati, Antonio, & László Zsolnai. 2010. "Beyond Competitiveness: Creating Values for a Sustainable World." in *The Collaborative Enterprise: Creating Values for a Sustainable World*, edited by Antonio Tencati and Laszlo Zsolnai, 375-388. Oxford: Peter Lang Academic Publisher.

2 Confino, Jo. 2012. "Beyond Environment: Falling Back in Love with Mother Earth." *The Guardian*, 20 February 2012, Guardian Sustainable Business.

和而不同的智慧

深度聆聽的一個重點是放開對自我的執着，虛心去接納和聆聽，從對方的角度去思考，通過時間日久見人心。

筆者每年在香港大學為本科生開講「佛學與經濟」一科，其中最享受的環節是收到同學每一課的小提問，從中可以了解他們對課堂的內容能否如預期吸收，又或者有哪些不太明白的地方。課程以四聖諦作為了解和解決問題的藍本：由「苦」應知、「集」應斷、到「滅」應證、「道」應修的角度去探索現今市場經濟的問題和佛法對解決這些問題的角度。在談到苦時，不少同學難以理解世間有何苦？如果苦由貪愛而生，那沒有追求的人生又有何意義？進步又從何而來呢？

筆者年輕時亦有類似的疑問。隨着成長，慢慢發覺緣起法的不可思議：因為緣起，所以無常，由無常而見苦，由苦見空，見無有自主的我。雖然無常、苦、空、無我的義

「和而不同的智慧」

理可以紙上談兵，但在生活上要真正實踐卻是困難重重。當因緣未成熟時，甚至是不順意的因緣比順意的因緣強，我們仍然能否安心忍耐、沉得住氣？面對工作上複雜的人和事，我們又能否體現佛法的智慧？

工作的資歷愈長，晚輩和長輩的合作機會便日益增多，但溝通的困難和衝突亦在所難免。長輩可能覺得晚輩太過激進或者不夠深思熟慮，晚輩可能覺得長輩不夠進取或者顧慮太多。跨代的合作關係應該如何處理？其實跨代的合作和跨國、跨界別、跨文化或跨宗教的合作亦很類似，因為各方的見解不一樣而產生矛盾。一行禪師教導的愛語和深度聆聽會是一個重要的修習。因為如果大家不覺得被聽見，便會覺得不受尊重。當覺得不受尊重就更要加強自我的保護、防衛和對抗，有理說不清，百詞莫辯了。最困難的是當大家由合作演變成對抗，夥伴當不成反而變成冤家了！

放開對自我的執着

深度聆聽的其中一個重點是放開對自我的執着，虛心去接納和聆聽，從對方的角度去思考，通過時間日久見人心。如果科技令時間和距離拉近，那剩下的障礙不再是物質上而是心理上的。不久的將來，科技會讓不同的語言能夠直接翻譯。但在科技未能幫助不同文化、宗教、界別「翻譯」前，能夠與不同界別溝通的橋樑和通才將會是炙手可熱的領域。正如流行的金融加科技成為FinTech，監管加科技成為RegTech，禪加科技成就了iPhone。芝加哥大學的校訓的中文可譯為「益智厚生」，意思是「提升知識，以充實人生」（拉丁文原文：crescat scientia vita excolatur，英譯：let knowledge grow from more to more; and so be human life enriched）。芝加哥本科生用多於三分之一時間修讀跨學科的核心課程(common core)，同學要涉獵人文、社會科學、科學等各方面，為社會準備跨界的人材。

明白緣起的變異不應令人悲觀，因為緣起令我們更珍惜當下。未來只要條件具足，則一切皆有可能。同樣地，知識不應令我們的思想變得更狹窄，而是讓我們更了解其他人的處境。歐洲有機構安排年輕人和長者共聚一處，又或者是早前講述退休後重返職場的見習生電影《見習有限耆》(The Intern)，讓跨代有更多交流互動的機會。正如香港某大銀行亦租用共用辦公室，把負責同一項目的不同部門短期安排在同一地點工作，效果令人喜出望外。這些都是跨代跨界合作「和而不同」的協同效應。

無常

《金剛經》裏有一名句：「一切有為法，如夢幻泡影，如露亦如電，應作如是觀。」形容世間一切現象彷彿如夢幻泡影般無常，似雷電閃過瞬間消逝；而這正是佛教對世間種種法（現象）的解讀和看法。

「無常」從字面可以理解作沒有永恆存在，永恆不變的；英文通常譯作Impermanence，其實在宇宙裏所存在的包括物質性（如可見、可聽、可觸）和非物質性（如思想和觀念），都會跟隨時間和我們的心識念頭，時刻在變化；所以任何物質都不可能永遠維持固有形態，任何思想和觀念同樣會受其他因緣而產生改變。因此，宇宙間所有現象都必然會遵守「無常」這一定律，因為它既是法則也是根本原理。當我們仔細觀察過去人生中所遇到的事情，會發現都是因為有「緣」，當因緣俱足，事情就會出現和發生，而當滅的因緣俱足時，事情自然會過去；它們本質上就是無常，沒有自主性，獨立性和永恆性。既然該來的擋不住，該走的也留不了；何不放下執着，去觀照一下我們的豁達人生？

是非要溫柔

如果能夠變成無我，又如何再有衝突，如何見到與君子對立的小人呢？

當大家熱烈地討論人工智能對人類的貢獻和挑戰時，谷歌旗下DeepMind的研究指出人工智能在面對合作和侵略行為的時候有不同的考慮：以蘋果模擬資源，當資源充裕時，人工智能只專注於收集蘋果；當剩餘的蘋果減少，人工智能為了達到比對手收集更多蘋果的目的，會劇烈侵略（增加使用鐳射槍武器的頻率），去令對手短期癱瘓。而人工智能愈複雜，則更傾向於侵略而非合作的行為。有評論認為大家對研究結果的意義過於緊張，畢竟鐳射槍在模擬實驗中是容許的。如果大家覺得人工智能使用鐳射槍具侵略性，人類則應考慮是否禁止人工智能在模擬或真實中使用武器，正如考慮應否禁止人在遊戲或真實中使用武器一樣。

如果使用武器是以人類的最大福祉為準則，則令人回想八十年代的電影《真假戰爭》

「是非要溫柔」

（War Games）。故事講述冷戰時代美國引入超級人工智能電腦控制國防和核武，主角誤以為超級電腦只是模擬遊戲，但超級電腦卻分不清戰爭的真假，差點觸發第三次世界大戰。故事的結局以井字遊戲（Tic-Tac-Toe）帶出高手過招只有平手或兩敗俱傷的困局，一切只是徒勞無功。遊戲如果是以「勝負」定輸贏，結果可能如此；但若果以「過程」和「人的提昇」去考慮則可能有所不同。正如登山、遠足、跑馬拉松只是為了到達終點嗎？如果為了到達終點那為何不永遠留在終點上便算了？人工智能的成就在於爭勝，但人的成就不止於贏。正所謂「輸了你，贏了世界又如何」、「贏咗場交，輸咗頭家」，與外父打麻將，要懂得有技巧地「鬆章」。這些都是人工智能暫時未能體會的，因為人明白以大局為重，有更長遠、輸贏以外的考慮。

悲智雙運的菩薩道

當然「不計較」的氣量是要培養的。有些朋友對別人不計較，但對自己很計較；有些人對事不計較，但對人很計較；有些人對時間不計較，但對金錢很計較……各人有各人的考慮和出發點。正正因為人心各不同，聖嚴法師指出「是非要溫柔」：如果人太過多情就須要講理，但是要「安世界」就必須「安心」。法師提示我們心量要大，自我要小，丞相肚裏可撐船。如果理正氣壯，只會將雙方的我見放大，加劇對抗。如果能將情和理以緣起無我的義理昇華，就可以看見悲智雙運的菩薩道。

有朋友說以上的道理是否如蘇轍所言：「君子小人，形同冰炭，同處必爭。一爭之後，小人必勝，君子必敗。」何謂君子、何謂小人？君子小人是以甚麼作為標準呢？聖嚴法師指出「所有的人都有堅持己見，自以為是的習慣。」眾生不僅相貌互異，思想的模式、觀點也都不盡相同。現今市場在推崇協作的同時強調明星、英雄和個人主義，要個人和集體兩者兼得有一定的矛盾。聖嚴法師開示：「待人處事通常是設定在無我的立場，無我並不等於放棄自我，而是包容他人；但不是以個人的自我為中心來包容他人，而是以大家的觀點來包容他人，然後變成無我。」如果能夠變成無我，又如何再有衝突？如何見到與君子對立的小人呢？要在互聯網的世界推進深入的協作關係，佛法互即互入的緣起智慧是一把重要的門鑰，打開人與人之間的心鎖。

是非成敗轉頭空

因為有是非成敗得失美醜好惡的分別而構成的種種，反而令我們和原來的真實面愈走愈遠了。不如用平常心去體會、去認識事物的千變萬化。

他，大學中途輟學，曾到處流浪、不認妻女，又被大公司解僱……

他，亦在大學中途輟學，曾被指控抄襲創意，又被反對者扔餅……

他，小時父母離異，在度蜜月期間被解僱，然後離婚，聖誕佳節前面臨破產……

以上三位的經歷都好像是輸在起跑線，或者是悲劇人生的寫照。對喬布斯、蓋茨、馬斯克來說，這些都是成功過程的小插曲。輟學、被解僱、破產、離婚看似都是學業上、工作上、財政上和婚姻上的終極失敗。但是他們並沒有氣餒，亦沒有被失敗否定，只是默默地、持之以恆地去走一條遠大但孤獨的路，以致今天成就斐然。

孔夫子在世時雖然教化三千，但只有七十餘人能精通六藝；他周遊列國，但未受重

「是非成敗轉頭空」

用。如果當時他覺得無人 Like（按讚）而放棄了，他又如何成就流芳百世的萬世師表之名？即使是佛陀福慧具足，在世時的常隨眾亦是約一千二百五十多人（佛經中云：與大比丘眾，千二百五十人俱。）但是這一千二百五十多人都是當時的精英，一起居住共修六和敬的大善人。何況佛陀的說法不受時空和地域的阻礙，只不過當時其他地區的民眾無辦法接觸，其他億萬天龍八部卻有能力可以參與 Livefeed（現場直播）。如果不了解情況還可能以為當時佛陀不夠粉絲。數千年前，有誰會預計儒、釋、道的思想對現今全球社會有着這麼大的影響？

培養氣度智慧，超越是非成敗

人與人的競爭和合作當中，要超越是非成敗的計較，除了要培養氣度，還要培養智慧。因為不單止要明白《金剛經》中的我相、人相和眾生相，還要明白超越時空的壽者相和般若空觀。由入世的價值觀、世界觀到出世的宇宙觀，可謂心有多大，世界便有多大。莊子在《齊物論》談到，「其分也，成也。其成也，毀也。凡物無成與毀，復通為一。」

我們因為有是非成敗得失美醜好惡的分別而構成的種種，反而令我們與原來的真實面愈走愈遠了。莊子提醒我們，與其不斷分別，倒不如用平常心去體會、去認識事物的千變萬化，做到真正的事理通達：「唯達者知通為一，為是不用而寓諸庸。庸也者，用也；用也者，通也；通也者，得也……」如果不通達事物的本質，就好像猴子因朝三暮四[1]而有喜有怒的愚昧了！是非成敗得失，對不同的人，在不同的角度，不同的時空，會有不同的意義。正所謂「塞翁失馬，焉知非福」！

佛法和道家的智慧皆指出我們要離開表象而見實性。然而，佛法的緣起法則讓我們明白「此有故彼有，此生故彼生，此無故彼無，此滅故彼滅。」無論是我們內心和外在的世界都是緣起而生，緣盡而滅。不單只是外在的世界不是由我話事，我們連自己的身心都是無常、苦、空、無我。既然無我，除了自己固執以為有而不放手，哪裏有這麼多的是非成敗得失呢？

然而，佛法的無常、苦、空、無我並非虛無主義（nihilism）。佛法因果業報的道德觀[2]：

鼓勵道德生活和確認道德的作用；

肯定道德的因果關係，種善因得善果；

肯定人在實踐道德生活中的角色。

所以雖然不計較不比較，但是仍要依八正道而行。要靠滴水穿石、鐵柱成針的堅毅，要以慈悲和智慧為引導去修行，我們才有能力不怕短期的挫折而向前行。修行如是，人生如是，投資市場亦如是。

參考資料

1 《莊子・齊物論》：「狙公賦芧，曰：『朝三而暮四。』眾狙皆怒。曰：『然則朝四而暮三。』眾狙皆悅。」

2 Karunadasa, Yakupitiyage. 2013. "Theory of Moral Life." In *Early Buddhist Teachings: The Middle Position in Theory and Practice*, pp.80. Hong Kong: Centre of Buddhist Studies, The University of Hong Kong. Reprint, Second 2015.

慈悲與覺知

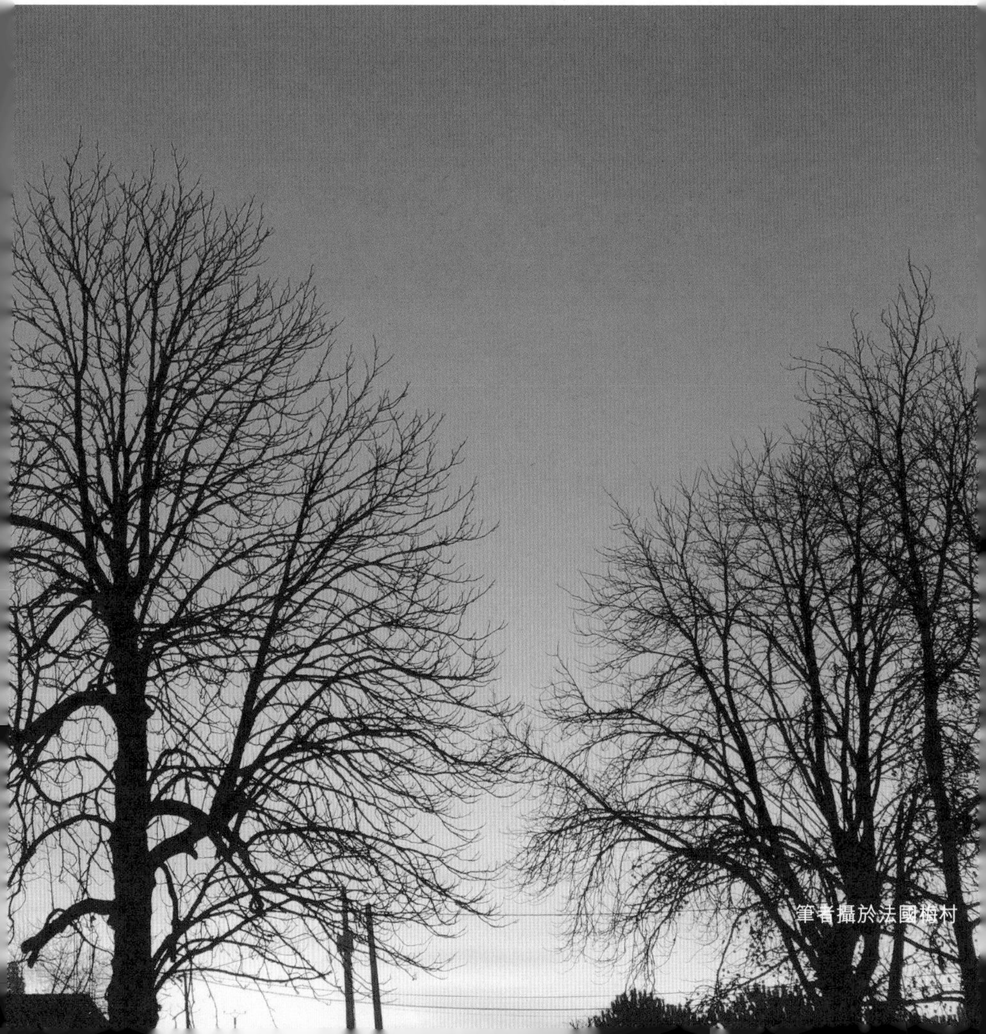

筆者攝於法國梅村

風雨中的錨

在佛法中，我們在驚濤駭浪中的錨，就是佛法僧三寶的慈悲與智慧。有了這些錨，我們方能身心相安，不畏風雨。

身體健康、龍馬精神、財源廣進、大富大貴等祝願，是大家平常對身心和物質生活的期許。中文詞語義深，富和貴各有所指：富有、富裕與財富和物質有關，尊貴、高貴是社會地位和品格的象徵。所以古時「士農工商」以士為首，對讀書人的尊重比商人為重。當然現今市場對商業和財富的重視程度已與社會地位掛鈎，財富成為身份象徵，而對風骨學養的重視有時被賺錢能力所取代。然而，孔子曰：「不義而富且貴，於我如浮雲。」可見聖賢對道德的重視更高於富貴！

「風雨中的錨」

修行人以上求佛道下化眾生為己任

佛教的財富觀對現時市場經濟所強調的競爭比拼有不同的看法。佛教見緣起、無常、苦、空、無我，了解貪取和分別心是世間種種煩惱的根源。修行人以上求佛道下化眾生為己任，但在家的朋友要工作謀取生計，就自然會遇上競爭和協作的考慮。佛教深知所謂的「擁有」、「永遠」並非真正穩定不變（無常），所以強調在謀生過程中，「身」和「心」的培養，指出「正命」、「正業」等「八正道」的重要。

佛教認為財富不是靠你爭我奪、你贏我輸的零和遊戲而來，令不少人費解的是佛教認為布施是獲得財富的正確方法之一。布施又分「有漏」與「無漏」，而「財」布施不及「無畏」施，「無畏」施不及「法」布施。那為何要有「捨」才有「得」？難道要布施到身無分文才會富有？

布施不是以物換物的等價交易

佛教的布施不是以物換物的等價交易。當然有心人布施求福，善有善報是善因善果，但有求有應，有布施者有接受者，就是有形相而有局限。正如梁武帝建寺安僧，問達摩祖師有「功德」否？達摩祖師説無「功德」，因為「功德」與「福德」不一樣。正如功夫一樣，「功德」是內心修行的體現，而「福德」是果報，有生有滅。佛經中貧女施燈的故事：貧女難陀身無分文，將用來果腹的一文錢用來供燈，雖然買的是最粗糙、最少的油，但她懇切發願救渡眾生。所以佛陀向目連尊者解釋，這一盞用至誠大願燃點的燈，燈明無盡！

佛教的布施不單只是布施的外在行為，更重要的是布施過程中慈悲喜捨的內心修行。一個慈悲喜捨的修行人自然有善緣，因為他的資糧都是以自利利他為本，他的成就就是大眾的共贏，所以大家都希望成為他的助緣，與他同心同德。要遇到貴人就要當別人的貴人，可能就是這個道理。相反一個自我中心的人自私自利，他的成就和利益只是建基於他人的損失，所謂「踩住他人上位」，這種福德又如何能夠獲得大眾的護持？如何能夠穩固？

有人說競爭是香港經濟的動力，其實香港人的善心和互相守望的精神亦是重要的支柱。而這一份善心和負責任的精神久而久之轉化成強大的道德力量或道德資產。雖然這份道德資產不斷被急功近利的市場行為侵蝕，但香港人的善心、專業精神令這一片福地歷久不衰，在風浪中無分彼此地共同努力。有朋友向我解釋何謂風險和不確定性，他說關鍵不是外在無可預知的風險，預見黑天鵝、預見災難，而是我們在風浪中的「錨」是否鞏固。這個錨在股市中是優質的大藍籌，在工作中是互助互勉的團隊，在家庭中是「白菜也好味」的摯親，在香港是香港人的善心和互助精神。而在佛法中，我們的錨就是佛法僧三寶的慈悲與智慧。有了這些錨，我們方能身心相安，不畏風雨。

無私的慈悲

正如《金剛經》所云：「應無所住而生其心」。佛陀捨身飼虎割肉餵鷹的故事，體現了無我的慈悲。如果有「我」，就不能成就如此不可思議的菩薩行。

美國喬治城大學心理學副教授 Abigail Marsh，在 TED 演講中分享她的一段往事：二十年前她於美國高速公路（一般車速超越每小時一百公里）發生車禍，連人帶車急速打轉。在命懸一線的危急關頭，一位素未謀面的人停下車，從四條行車線外跑過來協助她逃出生天。事後她一直思索，是甚麼推動這位英雄願意冒生命危險去拯救一個陌生人？無私的精神是如何生起、如何運作的呢？由於自己的親身經歷，教授決意深入心理學的研究，剖析人類關顧別人的潛能。究竟人的本性是善是惡？又或者有如市場經濟學所假設，人是只顧自私自利最大化、唯利是圖的經濟動物呢？為何某些人比其他人慈悲或自私？

「無私的慈悲」

從心理學分析人類關顧別人的潛能

教授嘗試從另一個角度去解答這個難題。透過分析深受遺傳影響的精神思覺失調情況，她發現那些冷酷的人，一般對他人在受困不安時的壓力信號（特別是恐懼不安的表現）比較不敏感。這些恐懼不安的表現就正是我們在遇到困難時向外發送的求救訊息，而我們身體覺察不安情緒的重要部份是大腦的杏仁核（amygdala）。研究發現這些人的杏仁核對別人不安恐懼的反應偏低，其體積亦比平均小18%至20%。相反，她的研究亦發現那些特別願意捨己為人的人，例如捐贈器官給陌生人的人，他們對別人不安恐懼的反應比平均高，而他們杏仁核的平均體積亦比平均大8%。

當教授訪問那些捐贈腎臟的人為何能人所不能，他們一般都覺得不容易回應。正如早前香港二十多歲的鄭凱甄捐肝救人，記者問她願意捐三分之二肝臟的勇氣和愛心從何而來？怕不怕身體受損？怕不怕母親的肝病有需要時無法捐助？怕不怕因為入院工作不保無收入？怕不怕捐了肝後都救不了人？阿甄的回答全都很簡單，只覺救人要緊，自己真的很平常，並無特別過人之處。

「無我」而「無私」

教授認為這是一份無我的謙卑：不自以為是，不以我為中心。由於無我所以無私，所以謙卑，而能引發無上的慈悲。《金剛經》云：「應無所住而生其心」。釋迦牟尼佛在經中憶述過去世未成佛時，曾經有一世他是一位忍辱仙人，度化哥利王時被割截身體，節節支解都不生瞋恨；而捨身飼虎割肉餵鷹的故事，亦顯現佛陀無我的慈悲。如果有「我」，就不能成就如此不可思議的菩薩行。事實上，要自以為是、自我中心的人拔出一毛，有時比割肉更痛苦。

平等心開、如實看見

「法」布施無形無相，盡虛空偏法界，不增不減，不生不滅，所以亦比有形相的「財」布施厲害，不可思量！

數年前通過朋友認識了一群有心為基層市民付出的朋友。他們關心社會、關心這個城市的弱勢社群，不以自己能作為義工或捐贈者自居，只是希望和基層的朋友分享、同行。他們不煽情、不造作、不忿怨，他們平實地把心放開，看見香港基層朋友的堅毅，很難忍心，很難不感動。

小時候我對貧富的概念比較模糊，大概是除了知道露宿街頭和居於板間籠屋的一群處身在社會的邊緣外，我對未來是充滿信心和希望，因為只要肯捱肯努力學習，香港當時是充滿向上流動的機會。瞬間幾十年，由於經濟發展和社會的轉變，香港不同階層的生活環境愈走愈遠。如果不是有幸接觸明哥等一群有心人，自己對基層的了解就停留在

「平等心開如實看見」

貧窮線佔香港人口比例如何如何等「堅離地式」的紙上數據談兵。

一個飯盒、一個月餅、一句問候對這一群有心人來說不是施捨，而是讓社會不同階層能夠互相看見的一根火柴，讓基層的朋友看到社會的關愛和尊重，讓資源比較充裕的朋友了解在經濟發展下被忽略的一群，結一個善緣。而有能力分享和有需要的朋友互相成就、不分高下。何況大家就是隔籬鄰舍，安身於同一大屋簷下，唇亡齒寒，怎能漠不關心？

眾生平等，皆有佛性

平等不是要均富，不是要求人人高矮肥瘦如倒模一樣。世界萬物因緣不同，各人有各人的故事。平等是無分別心：人有分別心而見種種相，因為見種種相而有喜惡、有執取、有貪瞋。平等是不要見高拜、見低踩，亦不用仇富、不用哀貧。因為只要我們用心看，就會看見不論階層大家都是人，人無完人，但皆有佛性。大家都能通過人格和智慧的成就展現人性的光輝。在基層當中有不少朋友一直努力打拼，只要有工開，只要有能力，他們仍然不怕艱苦。

《金剛經》中提及的須彌山又名為寶山、妙高山、善積山。《梁朝傅大士頌金剛經》中解釋：「須彌高且大，將喻法王身。七寶齊圍繞，六度次相鄰。四色成山相，慈悲作佛因。有形終不大，無相乃為真。」《金剛經》中論及佛身，「佛說非身，是名大身」，因為有形的始終有限，要福德不可思量，就要如菩薩一樣平等「無住相」布施：不管有需要的朋友背景如何，菩薩亦不執着地以最相應的方式協助，亦不自以布施者自居。正如數學1除0.5等於2，1除0.1等於10，1除0等於無限，實體經濟的生產有物質的局限，現在虛擬網絡世界的軟件下載無時空限制。「法」布施無形無相，盡虛空徧法界，不增不減，不生不滅，所以亦比有形相的「財」布施厲害，不可思量！

覺知與慈悲不是權宜之計

慈悲與智慧的修習自利利他，不是權宜之計，不是選科，而是值得大家持之以恆的必修科。

近年全球在商界和其他專業都開始引入更人性化的管理和領導模式。不單只是從事學術研究的經濟學家和企業管理學家，將本來被視為離經背道的行為經濟學，接納成為諾貝爾獎所讚譽的領域。專業人士亦漸漸改變過去宗教和辦公室保持距離的忌諱，開始尊重傳统文化和宗教的智慧；宗教人士亦入鄉隨俗，在介紹修習方法時將宗教成份盡量減少，提高科學和專業理據的支持，避免有傳教之嫌。

數年前筆者有幸在香港協助主持「覺知領袖工作坊」當中兩場主講嘉賓的對談問答環節。亞太區數百名不同行業的領袖，一同分享在覺知和慈悲的理論與實踐上的體會。不論是法師，還是在認知科學及腦神經心理學的權威、超級功夫巨星，乃至本地經商界、

社企界及醫護界的修行人，他們不約而同分享一個重要的訊息：慈悲與智慧的修習自利利他，不是權宜之計，不是選科，而是值得大家持之以恆的必修科。

令世界充滿正能量的聖賢之路

這些領袖引證了慈悲與智慧的修習作為他們成功的重要因素。面對社會的種種考驗，他們對修行之路始終充滿信心，堅持以覺知和慈悲帶領團隊。儘管世界上充滿着種種負能量、爭鬥和不信任，他們嘗試超越自己的習性去展現人性更美好的可能。覺知和慈悲的修習讓他們擁有超越小我而成就大我，乃至無我的謙遜和世界觀。他們明白覺知和慈悲令人的視野和心胸廣大。由於能夠明白不同人的出發點和角度，他們更能體諒別人的處境和痛苦，引發對無上的覺知和慈悲的修習的願景和堅持。遇到所謂小人、惡人、偽君子，真正的領袖更應由此見證缺乏覺知和慈悲的可悲和痛苦，不會抬高自己而損毀他人，不會有理不饒人，不會令他人受到損害。

每當我們置身於會否選擇覺知和慈悲的分岔路上，佛菩薩和古今有修證的聖賢都給予我們信心——不管我們自以為多麼的充滿覺知和慈悲，我們與古今聖賢相比是如何的渺小、如何不濟。然而，佛菩薩從來沒有因為我們無得救無得教，而一時一刻放棄。正是因為世人不覺知，才應以覺知對治；正是因為世人不慈悲，才更應以慈悲相對。正如《法句經》第五頌中云：「於此世界中，從非怨止怨。唯以忍止怨，此古聖常法。」[1]覺知和慈悲不是權宜之計，而是令世界充滿正能量的聖賢之路。

參考資料

1 見 http://tripitaka.cbeta.org/zh-cn/B07n0017_001

由「無知」、「覺知」到知「無」

世間學問講求有知有見地，而歷代禪師卻能在「無」字上用功。

在瞬息萬變的網絡世代中，我們無時無刻都在「收風」，唯恐落後，更怕被人認為自己「無料到」、「無知」。手機上的各項提示不斷彈出，電郵箱滿瀉到趕不及刪除。不少人患上信息飢渴症，但又無法消化排山倒海的資訊，令人分身乏術：在食飯時看手機，看手機時開車，開車時沉思，沉思時想休息，休息時又睡不着……

日理萬機好累，會使人麻木，但是如果我們「不知不覺」又可能會錯失良機或削弱決策的能力。其實要「先知先覺」不但要培養對表象的觀察力，還要明白人與事情背後的道理。如果能明理就能舉一反三。古語有云「一葉知秋」，見微知著。唐代無盡藏比丘尼的禪偈是這樣寫的：

終日尋春不見春，芒鞋踏破嶺頭雲；歸來偶把梅花嗅，春在枝頭已十分。

「由無知覺知到無」

「定」、「專注」和「智慧」相輔相成

大家在生活和工作中有沒有一葉知秋的洞察力呢？不少傳統都有解釋「定」、「專注」和「智慧」如何相輔相成。《六祖壇經》云：

定是慧體，慧是定用，即慧之時定在慧，即定之時慧在定。若識此義，即是定慧等學……定慧猶如何等？猶如燈光，有燈即光，無燈即闇。燈是光之體，光是燈之用，名雖有二，體本同一。[1]

在《大學》中亦有提出：「知止而後有定，定而後能靜，靜而後能安，安而後能慮，慮而後能得。」由「定」中可以悟「得」世界萬物運作的道理。對人與事的外在觀察是我們照見的對境，但是道理是內在的法則，只能通過理解悟入。譬如花開花落大家可以從觀察而見，但是背後緣起性空的法則就不是一般人都能夠深切悟入。其實除了禪定以外，念佛亦是修習定慧的法門，印光大師開示念佛不只是往生淨土的法門，更是收攝自

己身心，是能積累現世功德智慧，留芳百世的因緣：

> 念佛之要，在於都攝六根，淨念相繼。欲都攝六根，淨念相繼，無論行住坐臥，常念佛號，或聲或默，皆須聽己念佛之聲。倘能如是，則業消智朗，障盡福崇，凡所作為，皆悉順遂。士農工商之職業，不但了無妨礙，且能啟發心靈，精於本業。以心不散亂，作事有主，如理亂絲，神凝則易，心躁則難。所以古之建大功，立大業，功勳遍四海，言行垂千秋者，皆由學佛得力而來也。[2]

簡言而之，我們通過修習收攝心的心識運作才能專注。心不散亂才能不被外界的紛擾影響，將複雜的事情抽絲剝繭，按部就班、按緩急輕重去處事，才能真正當家作主。更重要的是明白因緣和合的關鍵，果熟蒂落、水到渠成，而不會揠苗助長、殺雞取卵。柏林禪寺明海大和尚講解「趙州無字禪」時提及「為學日益，為道日損」的道理。世間的學問講求有知有見地，而歷代禪師卻能在「無」字上用功。一句「狗子有佛性也無？」或許關鍵不在於的有無對錯，而是在於對佛性「不知」的疑情，修道人在「無」字上參，

亦是在「不知」上安住，念念相繼。其他的妄念都放下，不為未來「憂」心、不追「悔」過去、不怨恨得失。現代社會講求多、大、快、計度，手機上的電子晶片已是一台小小的超級電腦，以驚人速度提取、處理和儲存海量的數據。但是人的智慧和慈悲潛力更巨大、更有待開發。如果我們能明心見性，可以悟入一花一世間的見地，超越時空的局限！

參考資料

1 《六祖壇經．定慧品》
2 《印光文鈔續編卷下．阜寧合興鎮淨念蓮社緣起序》

佛學詞彙十二：

智慧

「智慧」一詞在佛典裏多以「般若」來表達，英文通常譯作 Wisdom，「般若」是從梵語 Prajñā 直接以音譯成漢文；由於在語義上較為複雜，而且無法找到合意的用詞，譯師們多以音譯來處理。「般若」在佛教經典裏佔着相當重要的地位，在大藏經裏出現的頻率也非常高；學習「般若」就是為了體驗斷除煩惱執着的解脫法門。佛典所及的般若智慧跟一般提到的學識才智並不相同，凡夫在世間的智慧是有局限性，而「般若」智慧是全面性，能直接，徹底地看清無明的源頭，足以有效地度化眾生轉識成智，讓修行者超凡入聖而到達涅槃境地之所在——即了斷生死的彼岸。如果覺悟是我們的終極目標，那無明就是修行途中最大的障礙；而無明代表着人的根本煩惱與執着，「般若」正是一切煩惱執着的剋星，就像黑暗中燃起了一盞燈，引領修行者們提升般若智慧，了解和體驗「無常」、「無我」的真諦，續而斷除一切煩惱的根源，脫離輪迴而到達「明心見性」的解脫境地。

正念、猿心和猴子陷阱

毫無疑問，我們生活在一個VUCA的世界中，其波動性、不確定性、複雜性和模糊的程度不斷上升。佛教的教義闡述無常的義理，但是也說明了人類和外在世界互相關連。特別是那些具影響力的人物，例如商業、宗教、政治、學術界的領導人，主流意見領袖（KOL）等，應保持警惕，了解他們的思想、情感和行為如何影響大眾的福祉、其他生物和整個生態系統。

正念修習有助對應這些挑戰。二〇一九年筆者有幸獲邀在慕尼黑參與一個研討會，探討正念與金融的關係。研討會後，筆者在歐洲阿爾卑斯山論壇帶領了一節正念遠足。與來自歐洲和美國的兩名講者，一同為來自世界各地的與會者分享正念在政治、教育和經濟各範疇的應用。有能力、有知識和有資本的人能影響不少人的福祉，而這些領導人和有影響力的人應該更加謹慎。反過來，他們也可以鼓勵處於影響圈內的人更加注意。

「猴子陷阱」

如果他們不注意自己的情感和思想，更不注意別人的情感和思想，就無法理會決定的前因和後果。

在正念當中是要真實地活着

那麼我們應該如何理解和練習正念呢？在現代的世俗定義，卡巴金博士（Kabat-Zinn）指正念是「以一種不加批判的態度，有目的地留心覺察當下此刻……」然而，佛教和其他傳統智慧（不同文化習俗和宗教背景等）則提供了更深、更複雜的含義。禪宗大師一行禪師將正念定義為：

> 能覺察並喚醒當下刻的能量，觸動日常生活每一刻深處的持續實踐。在正念當中是要真實地活着，活在當下，與身邊的人和所做的事情合而為一。

正念的訓練不僅包括通過靜坐或步行冥想而進行的沉思練習，而且植根於生活的每時每刻。它既是生活的恆常準則，亦是決策準則，在關注和應對方面懷着深切的慈悲和智慧，深思熟慮後作出的明智決策。

要活在正念的經濟中，筆者建議我們需要通過六項「i」策略來轉變凡人對「i」概念的理解。第一和第二項「i」是從個人（individual）到整合（integral）的轉換。在市場經濟中，我們被灌輸要維護自我利益和個人的觀念和思想，但卻誤解了自身身份的真實意義。在市場經濟中，我們的身份是建立在虛假揑造的自身之上，誤將消費物和工作等同當作「自我」一樣。當然，消費品和工作會透露我們思想和決策模式，但現實中沒有永恆不變的自我。

我們應該充份理解我們的決定在市場經濟中各方面的影響。佛教的教義建議我們要注意消費和生活方式，因為這些日常的選擇決定了我們的本質。人類不是唯命是從的機器人，應該讓我們發揮最大的潛力。如果我們喜歡所做的事情，我們就可以提高工作效率，而不必擔心所謂的工作與生活之間的平衡。同樣，我們應該以貫徹一致的方式對待資本，讓盈利的價值主張與投資組合和慈善捐贈的方式保持一致。正如筆者和思想領袖傑德．愛默生（Jed Emerson）所倡導的那樣，任何基金會、信託和團體都應將資本視為一個連續體。如果一個團體一方面剝削童工，另一方面又捐贈保護兒童，這將是精神分裂症。即使我們有時可能扮演不同的角色，我們也應該能夠始終如一地採取行動，整合我們的價值觀和行為。

第三和第四項「i」是從獨立（independent）到相互依存（interdependent）的轉變。正念讓我們明白，無知自負令我們無法正確理解「自我」的概念與社區和環境中的其他人是密不可分的。我們需要了解人與市場和環境的相互依存。為了實現可持續的改變，不僅需要表面上的政策或結構，更加需要了解根本的原因和必要的條件。視乎對可持續性的定義，這可能意味着未來幾十年特定地區的子孫後代具有可持續性；也可能意味着所有人、其他生物物種以及整個生態系統都具有可持續性。可持續的決策可以從三個方面來理解：（一）決策者需要有傳承和毅力，能夠應對決策所需的身心壓力；（二）戰略框架需要建基於不退轉的願力和價值觀，願景和使命而具有可持續性；（三）結果也必須是可持續的。

第五和第六項「i」是從無知（ignorance）到洞見（insight）的轉變。洞察力包括了解我們行為業力前因和後果的信息和智慧，以及緣起無我的深刻含義。洞察力也包括要深刻理解時間的意義所需要的智慧，是改變思想和行為所需要的耐心，也是分辨短期內可以改變和不能改變之間的差異的智慧。最後，洞察力還應包括對人類巨大潛力的深刻理解。當我們處於幻想中，我們的思想會受世界影響；當我們開悟時，我們的思想可以改變世界。

像一隻亂跳的猴子

我們的思想如果不能專注，就會像一隻亂跳的猴子，不斷地上下跳躍，不受控制。我們絕對不是自由的，而是被我們的思想和情感所擺佈。在東南亞有一種古老的技術可以利用椰子去誘捕猴子。獵人在椰子上挖了一個孔，足以讓猴子把手伸進去，但又不足以讓牠拉出拳頭。獵人在椰子殼內放了猴子最喜歡的零食，並發出誘人的氣味。猴子爬上樹，將手伸入椰子中抓住零食，但只要不放手，猴子就無法將手撤回。由於無法釋放拳頭，但又不願放棄零食，因此猴子被獵人捕獲。

佛陀教導我們，我們的執着會脅持我們。我們的思維不僅僅像猴子一樣無法平靜下來，而且還喜歡抓住外界的現象而陷入困境。在市場經濟中，我們應該更加謹慎，以防無形的陷阱。雖然廣告試圖將我們洗腦，要我們相信通過消費來購買幸福，甚至確信有無限的選擇。「選擇的悖論」（Paradox of Choice）意味着我們不可能考慮所有選擇，而且我們可能會對自己做出的選擇感到遺憾，並責怪自己做出了錯誤的選擇。更多的選擇並不一定意味着更多的掌控或幸福[1]！

如果我們真正渴望自由，又怎會讓自己受市場和科技的操縱？最近，筆者受到美國教育和研究組織 East-West Center 的邀請，參加一個關於人文與人工智能（AI）的座談會，與會者包括一群國際倫理學家、工程師、哲學家、教育家和社會企業家。雖然人工智能的發展似乎是不可避免的，但我們嘗試探索如何共同努力以建立人道和公平的人工智能。簡而言之，應該採用人工智能來使我們成為更好的人，並且應該平等地讓所有人發揮最大的潛力。我們需要非常注意如何以用戶和消費者的身份與人工智能系統互動，因為世上沒有免費午餐——如果我們不支付服務費用，那麼我們將要以花費時間、專注力、個人私隱數據和意識代替金錢。

當我們與任何集體系統如人工智能交流時，應該提防和留意如何不被繫縛、操縱甚至奴役。被椰子困住的猴子至少看到了椰子，並且有放手的「選擇」；人工智能網絡卻可以隱蔽地與我們生活的各部份融為一體。如果它能持續領先一步預知我們的慾望，即使我們所有的願望都能夠實現，我們又是否仍然真正自由而不受困？幸福是否僅意味着無限量自助餐式的滿足嗎？是甚麼使我們成為「人」，又如何阻止我們無法控制的科技猛獸？

參考資料

1 Schwartz, Barry, Andrew Ward, Sonja Lyubomirsky, John Monterosso, Katherine White, and Darrin R. Lehman. 2002. Maximizing Versus Satisficing: Happiness is a Matter of Choice. *Journal of Personality and Social Psychology*, 83 (5):1,178–97.

決策與轉化

心包太虛，量周沙界

古人說厚德載物，要成就大事業、大智慧就必須要做到無門慧開禪師所言「心包太虛，量周沙界」。以廣大的心量包容不同的人事理，超越時間和空間，安住在自利利他的修行路上。

每當有世界級的大師辭世，大家在推崇他們非凡的學術和研究成就的同時，同事親友亦讚頌這些偉人的心量、堅忍和毅力。令人不禁思考心量和成就的關係。特別是以人類有限的感觀和眼界，如何能夠照遍古今，超越宇宙時空呢？

達摩祖師說人的心量不可思議：「心心心，難可尋，寬時遍法界，窄也不容針。」[1]我們心寬的時候能容納宇宙，但是當心胸狹窄時連一根針都容不下。在此謹嘗試從「人」、「事」和「理」三個角度去了解心的寬窄，「人」包括自我和他人，「事」包括事件和物件，「理」包括道理和見解。在「人」方面，我們對別人的接受程度可以

「心包太虛量周沙界」

是親如手足，亦可以是恨之入骨。血肉相連的親人可以因為「事」和「理」而反目成仇，反之原本各不相干的陌生人可以相知相愛而海盟山誓、至死不渝。我們對自己身體和思想的心力更是強大，對自己的存在感、佔有慾和自我肯定都有很大的堅持。但如果連自己都容不下的時候，不論在身體和精神上亦可以有很大的排斥，出現自我否定或自我傷害的情況。

偏執引發種種衝突

我們的心量在「事」件和「事」物上的跨度亦很明顯。比如說好吃的食物多多益善，不好吃的食物一口也吞不下去；阿諛奉承的美言無任歡迎，但令人難受的呵責一句都嫌煩。禪修打坐集中的時候其實時間會過得很快，但在不集中時卻有如坐在熱鍋上的螞蟻，一分鐘都忍不住。我們的心在「理」上的差別更令人驚訝。我們每一個人都有很相似的基因和身體，但是心寬的時候，大師在地球上可以探索數百億年前宇宙的大爆炸，思考數百億光年外宇宙的演變。當人的心偏執在某些道理或見解上，可以引發人與人之間的種種衝突。比如說種族、宗教、政見上的分歧和糾紛，歸根究底都是成見、事件和人物的相互交織。成見引發衝突事件，事件和人物又進一步加深成見。

在文字或生活上意會心量的無窮或許也不太困難，但是要真正的明瞭卻要通過修行照見「人」、「事」、「理」的實相，做到佛法所說的平等、放下、無執着，不再以二元分別的角度：「大小、遠近、好壞、喜惡、老幼、人我」等去執取。只要有偏差的角度，就看不到實相。而我們的行為（身）、語言（語）、和思想（意）只不過是我們心識素質不同程度的顯現和發露。如果我們的心受貪瞋癡所蒙蔽，我們的行為、語言和思想亦會受到影響。思想上的憎惡，甚至繼而出口傷人或大打出手，最終「不順眼」的源頭都是一念之間。

「完全是忍自己」

要做到心量廣大就要學佛菩薩的智慧。仰山慧寂禪師問溈山禪師：「如何是真佛住處？」溈山禪師回答：「以思無思之妙，返思靈燄之無窮，思盡還源，性相常住，事理不二，真佛如如。」[2]溈山祖師提到我們心識的無窮，若能迴光反照，在事理超越分別，或許可以略為明白大方廣的佛菩薩，乃至心量宏大的大師，他們是如何打破人與人之間的藩籬、事理之間的框框。

聖一長老在《金剛經淺易》[3]中指出，佛在娑婆世界以忍辱波羅蜜悟道，因為娑婆世界諸惡充滿，非忍辱不行。忍辱波羅蜜的修行。「忍是指心」，不忍則起貪瞋癡，起煩惱，「完全是忍自己」；「辱是指境」，境從緣起有生滅，有生滅即非實在、是空。若然沒有實在的「辱境」那又何來「忍心」？正是如此通過智慧對自己內心世界的理解，佛菩薩和聖賢大德才能夠不懼歲月、不怕艱辛在修行、在修學上堅忍專心用功。古人說厚德載物，要成就大事業、大智慧就必須要做到無門慧開禪師所言「心包太虛，量周沙界」[4]。以廣大的心量包容不同的人事理，超越時間和空間，安住在自利利他的修行路上。

波羅蜜

「波羅蜜」或「波羅蜜多」這名詞具備了既深厚卻抽象的含意。譯師們通常將巴利文或梵文佛典裏的——Pāramī 或 Pāramitā 以音譯方式來處理：「波羅」——Pāra 可解作彼岸，「蜜」或「蜜多」有到達的意思；「波羅蜜」可以理解作到達彼岸。即是凡夫從生死輪迴的此岸，透過學佛修行渡過苦海之後可以來到圓滿境地即涅槃解脫的彼岸，因此英國學者 Edward Conze 將這詞意譯作 Perfection 也顯得非常到位。而筆者卻推崇古代譯師用「度」來意譯這詞；《心經》裏的一句「照見五蘊皆空，度一切苦厄」；「度」在這句子裏就起了關鍵作用，並能夠將畫面更形象化。大乘者有所謂「六波羅蜜多」或「六度」的修行方式；當中包括：布施、持戒、忍辱、精進、禪那與智慧，這「六波羅蜜多」同時亦在戒、定、慧三無漏學所規範之內，而「六度」可以統攝萬行，所以又稱「六度萬行」。

參考資料

1 CBETA 電子佛典集成卍續藏（X）第六十三冊 No.1218 第一卷《達磨大師血脈論》[0005b01]。http://tripitaka.cbeta.org/zh-cn/X63n1218_001
2 CBETA 電子佛典集成大正藏（T）第四十七冊 No.1990 第一卷《袁州仰山慧寂禪師語錄》[0582b06]。http://tripitaka.cbeta.org/T47n1990_001
3 聖一法師《金剛經淺易》
4 CBETA 電子佛典集成卍續藏（X）第六十九冊 No.1355 第二卷《無門慧開禪師語錄》卷下 [0361c16]。http://tripitaka.cbeta.org/ko/X69n1355_002

水能載舟亦能覆舟 依願隨緣是為中道

所謂「水能載舟，亦能覆舟」，我們要深信因果不可思議，「勿以善小而不為，勿以惡小而為之」。

近年在海外國際學術會議上，聽到不少研究以傳統儒、釋、道為基礎的管理模式。例如外籍教授引用道家的「為」、「無為」、「德」、「力」講解管理之道，既讓人自豪又有點不自在。因為西方學者難免以無拘無束但又有權有術的個人思想角度去分析成敗，和東方的天人合一或者佛家所體解的大道，好像有着深一層理解上的差異。

自由無拘束的理想和現實亦好像頗有距離。因為在隨緣、無為、自由的背後其實有因果法則的監管。如果以為「隨心所欲」，就是不明白事物運行的法則。如果要隨緣、隨心、率性、無為而治但又不碰壁不撞板，看來要有聖人「不昧因果」及「隨心所欲不逾矩」的智慧。另外一個考慮是縱然了解背後的法則，但是當遇到強大的外力，大自然

「水能載舟亦能覆舟」

亦敵不過短期的影響而慘受污染和破壞的摧殘。極端的例子是核輻射洩漏後現場周圍四野荒蕪，但是大自然在幾十年後會慢慢重生，只不過始作俑者的人類可能在短期間被大自然摒棄於外。

管理層作出決策時集思廣益

金融大鱷索羅斯對自由市場的重要見解是：一、可錯理論——人對客觀事實的認知存在偏差（The Principle of Fallibility）；二、反射理論——因不同的認知而作的決定反而會引申不同的結果（The Principle of Reflexivity）[1]；三、人對事情進行操控（manipulation），通過權謀游説或宣傳等工作扭曲大眾對客觀事實的認知，最終的意見受到干擾。從佛教的角度看，這些操控通常是因為不明白因緣的運作而倒行逆施的結果。這些操控背後的動機如果是貪瞋癡，因對我見我執和利益的愚癡執着，加上心念的偏差和不純正，最終的決定可能導致損人利己，甚至損人又害己。很多時金融從業員在瞬間出於貪念，作出自以為幫公司賺錢、讓自己加花紅的決定；短期或許真的可以升職加薪，數年後被監管當局查處，卻令整個部門甚至全公司受牽連。

所以管理層在作出決策的時候如何集思廣益，如何不恥下問是一門大學問。因為無主見會容易被人誤導，太有主見又壓低了其他的聲音，最終變成了「離地」一言堂。年輕的朋友向我申訴，說「腦細」（老闆）好像永遠是對的，而自己講了好似無講，所以不如不講。由於受阻，覺得好心無好報，所以不做；另一邊廂，有一些人善於謀略，以巧言令色達到目的。他們的困難是有時連自己都騙了，不知道自己在作惡。而當中最令人髮指的是利用他人的善心而行騙的案件，令到大家對真正有需要求助的人變得無動於衷，又或者令行善者不敢行善。於是人人變得冷漠，不接陌生人電話，不理在街上跌倒的途人。

作為領導者和有影響力的人，其言行影響更為深遠。儒家的中庸、佛家的中道、道家的道法自然，古人的智慧對現代的管理都有寶貴的啟發。上善若水，水的堅毅不在於洪水的猛，而是滴水穿石的長遠心和清淨心。所謂「水能載舟，亦能覆舟」，我們要深信因果不可思議，「勿以善小而不為，勿以惡小而為之」。

參考資料

1 https://www.georgesoros.com/2014/01/13/fallibility-reflexivity-and-the-human-uncertainty-principle-2/

別以全球福祉作賭注

領袖激發大家的貪念讓人不安份，帶來的不是成住而是壞滅。為了利益，不惜以整個社會甚至全球人的福祉作賭注，最後或許得不償失，因小失大，可能是對世人的警號。

有容乃大，知恩惜緣

藥師佛的第二大願中有「焰網莊嚴」四字——焰是光明，網是帝釋天的因陀羅網。意思是指佛的光明重重交映而無盡[1]。因陀羅網在《華嚴經．賢首品》中亦有敘述以闡釋華嚴世界一即一切、互攝互入的境界[2]。一行禪師以互即互入的緣起法剖析，要認真保護環境必須要從你中有我、我中有你的緣起智慧去出發，明白人和大自然共存亡的關係。緣起法除了讓我們明白無常、苦、空、無我外，亦讓我們明白要知恩惜緣。因為人

「別以全球福祉作賭注」

和事都要各方面天時地利人和的配合。一個機構的成功、一個人的成長、一件事的成就、一段關係的成熟等都不簡單。所謂的領導就有如一個農夫，要了解時令節氣，灌溉施肥，努力併湊讓條件配合，然後細心靜待開花結果。有時順風順水，領袖或許以為能夠呼風喚雨，忘記前人的付出，眾緣的成就。這是廣東話所謂的「老奉」。

全球環境保護的工作因為要平衡各方利益的短視考慮，多年來一直舉步維艱。二〇一五年《巴黎氣候協議》是經過多年多國商討的成果，當中各國都有不少妥協和犧牲。沒有一國是最大的贏家，亦沒有一國能贏盡，但是大家都是贏家，因為有協議比沒有協議好。近年的發展鼓吹大家去贏盡賺盡，激發人與人之間的衝突。如果未能完全達到目的，不求共贏、不怕一拍兩散。他們的想法是如沒法取得對自己最有利的協議，不如沒有協議。

以人的福祉作賭注，最後或許得不償失

這些領袖激發大家的貪念，讓大家不安份。但是他們帶來的不是成住而是壞滅。為

了利益，不惜以整個社會甚至全球人的福祉作賭注，最後或許得不償失。因小失大，可能是對世人的警號。無可否認，有時制度架構是成敗的關鍵，但是如果缺乏執行力，不懂得知恩惜緣，以為自己在破舊立新，缺乏同心同德，工作不但沒有成就戒定慧，反而增長了貪瞋癡。

近年全球的單邊主義（unilateralism）、民粹主義（populism），都顯示人心的躁動。在推崇個人和機會主義的年代，大家不願意去配合別人，為了自己的利害喜惡而反覆——在工作上有所謂的「炒散工」（slash），在感情上要閃電試愛試婚，在投資上要高頻交易。如何才能夠做到真正的自利利他呢？

參考資料

1 《藥師琉璃光如來本願功德經》：「第二大願：願我來世得菩提時，身如琉璃，內外明徹，淨無瑕穢，光明廣大，功德巍巍，身善安住，焰網莊嚴，過於日月；幽冥眾生，悉蒙開曉，隨意所趣，作諸事業。」http://tripitaka.cbeta.org/T14n0450_001

2 《CBETA 電子佛典集成》大正藏第十冊第二百七十九經第十四卷。http://tripitaka.cbeta.org/T10n0279_014

《與正念同行》

道場太遙不可及或會拒人千里，但是太遷就、太無要求就不是修行，之後也沒有進步了。

在世俗的洪流中不忘初心

談到傳承與創新，任何企業和組織都希望能夠持續發展。如何獲得市場認可的同時又不落俗套，不隨波隨流、捨本逐末，往往決定成敗。近代蘋果公司喬布斯的堅持和特立獨行令人難忘，他不理當時的潮流，要為用家提供完全不一樣的體驗。現在被譽為天才的他，在成功前不單只被視為另類，甚至怪人。

佛教在傳承和創新中亦面對同樣的困難，如果太孤芳自賞又難以弘法利生，如果太過着重取悅群眾又可能會流於庸俗。如何能夠做到「普及」但不「普通」？更何況佛教

「不忘初心」

要教人明白苦、集、滅、道的四聖諦，在世間討論入世出世修行的途徑，實在不簡單。

然而，這條古來聖人同行的八正道並非人人可以理解。佛陀證悟後驚嘆一切眾生皆有如來的智慧德相，但由於妄想、執着而不能證得。所以佛陀曾經不想說法，因為眾生難以相信這樣殊勝的教法。我們煩惱妄念的源頭正是「我」、「五蘊」的能取和所取的執着，如果外境能強化和滋養「我」和「五蘊」，進入一個「我」的理論循環是我們較容易理解和接受的。如果以這些執着支撐「我」的因緣散滅，我們會感到失落、無助和苦痛。

在道場中去除自己的習氣

正因如此，我們通過物質去換取快樂，如果物質解決不了，再往精神上去尋求。物質上的尋求有局限，但是精神上的尋求可以天馬行空。所以如果在精神上的尋求不穩定不可靠，後果可以很嚴重。新聞報道有邪教斂財詐騙，牽涉金額以千萬計。不少朋友或許會想，為何正信道場出錢出力弘法利生都吸引不到這麼多支持，反而眾多邪教的信徒

又甘願受騙呢？實情是邪教的行騙手法正正是滿足了世人對鬼怪神秘的恐懼和好奇，長養我們的妄見和令我們越來越會隨順貪瞋癡。反之，聖賢的路要我們通過戒定慧去修習，去除我見。不少朋友在剛開始修行時，對「我」的放下是非常不適應，心也定不下來。由於我見的原故，在道場上不是去除自己的習氣，反而是要道場適應自己的惡習。

如果道場太遙不可及，或會拒人千里，但是太遷就就不是修行，亦很難推動進步了。這一個「欲鈎」的分寸不容易掌握。一行禪師在紀錄片《與正念同行》中展現了他的慈悲與智慧。禪師的教導在創新的同時，仍然維持對佛法僧的護持和戒定慧的修習。梅村同修念誦的是「南無觀世音菩薩」名號，但是以外語配上如聖詩般的提琴和結他的伴奏，感覺清新脫俗卻仍然雄亮莊嚴與聖賢相應。僧俗二眾戒行清淨，但是戒條對在家眾以覺醒修習的方式推廣。僧團同修辦道，少了傳統的嚴肅拘緊，但仍然重視六和團結互敬。在禪堂內沒有傳統的規矩，但是梅村時時卻正念禪行。一行禪師對經典亦十分重視，他關於《心經》、《金剛經》、《法華經》的英文著作言簡意賅。禪師被東西方大眾所推崇，他雖沒有施展神通，但他有修行人的戒定慧力，梅村的僧團有共修的力量。在嘩眾取寵紛亂不安的年代，我們會否選擇清淨和樂？我們會否選擇與正念同行，一同走聖賢的路？

積極而不消極，放下而不放逸

佛教的態度積極而不消極，放下而不放逸：不起分別不是視而不見、聽而不聞的「無feeling」，而是不執着、不起分別的見聞覺知，清清楚楚、明明白白。

「佛系」一詞曾經在網絡火紅，席捲生活每個角落：佛系旅行、佛系戀愛、佛系網購、佛系上班、佛系追星、佛系養蛙……。向朋友請教後再作深入研究，終於知道現時「佛系」熱情的一發不可收拾原來已經過多年的沉澱。

有一個說法指「佛系」是「草食系」的演變：如果「草食系」是「肉食男」的對立面，對名利財富等六慾沒有野心、沒有渴望的人，那佛系則是對六慾絕食的一群，只專注自己的興趣，覺得其他的追求都很累。另一說法指佛系有看破紅塵、怎麼都行、我行我素的生活態度。佛系的意義最近經常以「可A，可B，A或B皆一樣，不C不D」的方式呈現：不論A或B的情景出現，我們的感受都不會是如大家預期的C或D。或許這種說

「真正的佛系人生」

法是受了數年前廣傳的詩句所感染：

你見，或者不見我，我就在那裏，不悲不喜；
你念，或者不念我，情就在那裏，不來不去；
你愛，或者不愛我，愛就在那裏，不增不減……

這種「不悲不喜」的態度和佛系的「怎樣都行」表面上看來相似，但卻有着根本的差別。前者是修行人超越悲喜的智慧，是有感覺但不執着於感覺；後者是不在乎、無反應、無感覺，是一種冷漠和放棄的態度。「超越反應」或「不執着反應」，跟「無反應」的層次很不一樣。「超越」要通過修行和智慧去實現，正如火箭反地心吸力進入外大空一樣，是一種境界。「不執着」是可以反應但不執着反應，是一種有「見識」的抉擇「能力」；不悲不喜是超越悲喜的大愛，佛系的「怎樣都行」卻是一種放棄的態度、懶得去愛，因為愛太沉重、太累、太大壓力，啟動了封閉式的冷漠機制。

所以「怎麼都行」的口頭禪和佛法不落悲喜二邊的智慧有很大的不同，不能視作為

「佛系」。現在「佛系」的意義其實更接近廣東話「是是但但」的「但系」，最合適的代表是日本「梳乎蛋」（ぐでたま）卡通人物——現代人壓力太大，又有很大的無力感。正如梳乎蛋的哲理一樣，反正都會被吃掉，不如慵慵懶懶地生活，去「hea」，攤在梳化上。

對出離的修行堅定決心

近日加州柏克萊大學 Lancaster 教授在香港大學的講座中，分享了佛陀在菩提樹下成道前的一些細節：原來菩提伽耶當時在印度是很多人墓葬的地區，佛陀苦行遊歷到這個見證生死的地方。有一晚，他目睹逝去的人從地中洶湧成群而出。佛陀不單只見到眼前的亡人，更見到他們過去多生多世不斷的生死流轉以苦為樂無有了期，對生死有深刻的認識。佛陀對出離生死的修行之路有着永不言退的堅定決心，而要出離生死就必須超越和捨棄對生死根源的執着。為了脱離無常的苦迫和真正的清淨，願意通改修行捨棄較低層次的享樂。

真正的佛系人生，又豈能是是但但

所以佛教的態度積極而不消極，放下而不放逸：不起分別不是視而不見、聽而不聞的「無feeling」，而是不執着、不起分別的見聞覺知，清清楚楚、明明白白，「見山不是山，見山還是山」的智慧。佛教說的隨緣是因為看清因緣的深義而隨順因緣，不執着不強求，而不是說隨便無所為。

有經濟學家指出，科技發達所釋放的生產力可以讓大部份的群眾無所事事。但如果社會貧富不均，而大眾又無所事事，可能會引發不少社會危機。其中的解決方案是以大量無意義的活動去佔據人的時間和精力，不用太有意義和太認真。當然有時候太認真會累，但輕鬆養蛙都要好好準備三葉草，給牠旅行的資糧。真正的佛系人生，又豈能是是但但？

深思管理的變革為何？

我們需要問自己「為甚麼（Why）？」挑戰決策背後的動機，親自將自己判斷的思路抽絲剝繭。

新的一年開始，無常意味一切皆有可能，接着下來的十二個月，希望能夠實現一些令人期待的變化並從中增益。我們可能會訂立各種新年願望，真誠希望自己改變：可能只是每天早晨享用健康的早餐，每晚補回急需的睡眠，定期與朋友保持聯繫，照顧我們的身心健康等。以覺醒正念修習為例，即使我們對正念修習的積極作用充滿信心，但是我們是否有足夠的信念不僅去持續數日，而是可以長期維持每天的行為改變？

可持續變革的實施是有可能的——不是通過一時的膚淺行動，而是通過價值觀的根本實現，去徹底改變思想觀念。我們不僅在個人層面，而且在社會乃至國家層面，探討維持變革的困難和挑戰。從另一個角度看，不僅要在行為方面，而且要在語言和思維層面上保持變化也十分重要。鑑於行為和口頭表達是向外、可以觀察和監視，因此在這些層面上的改變更易於實踐。然而，心態層面的變化卻是微妙而且很難觀察到的。因此，變革不僅難以實行，更難以維持。

實現價值觀念的根本變化

佛教認為我們的思想是可以改變的，但也很僵化。當我們緊緊抓住物質財富的時候，我們只會更牢固地堅持自我的存在意識和觀念。我們捍衛自我的思想和信念，就好像它們是我們身份的一部份。如果我們想通過行動來實現可持續的轉化，那麼最重要的是，我們還要研究如何實現價值觀念的根本變化，以及推動改變內心和思維方式的手段。我們要改變觀點和思考過程，就有如改變對自我的定義，並重新塑造我們的個性一樣困難！

為了實施變革，我們通常直接去思考「甚麼（What?）」以及「如何（How?）」。這些問題解決了行為和言語層面的變化。我們似乎表面上接受了這些變化，但仍然可能不願意、也不接受我們內心深處的變化。如果我們不相信這些變化，或者無法堅定信念，那麼我們的決心很容易在變革過程中動搖。我們可能會遵循大眾接受的規範，或者遵循慣性模式，而沒有真正檢視我們為甚麼以某一種或另一種方式去思考或採取行動，因此可能會採取一種羊群心理的思維。換句話說，我們無法通過有意識的努力做出深思熟慮的選擇。

這就是為甚麼我們需要全心全意去迎接轉變，以便推動可持續的發展。我們需要問自己「為甚麼（Why?）」這一個棘手的問題。我們需要挑戰決策背後的動機，親自將自己判斷的思路抽絲剝繭，明白轉變背後的出發點。在經濟學、公共政策或企業管理的領域，相關決策的研究已經發展了幾十年。儘管早期的經濟理論嘗試建立可預測的模式和邏輯機制，但在現實生活中的管理決策和策略卻是十分複雜。因為它們是動態的、令人費解的、亦是多角度的，有很多不同的場景，可以引領許多不同的步伐。它們不是線性的決策藍圖，而是與因緣相即的路徑，在途中有不斷轉折和發展。

提出深入而有見地的問題

諾貝爾獎得主、行為經濟學領域的先驅赫伯特·西蒙（Herbert Simon）和芝加哥大學布斯商學院（Chicago Booth Business School）企業家精神與戰略管理的臨床教授詹姆斯·施拉格（James E. Schrager）等學者在行為策略領域開創了先河。他們研究了人們在現實生活中如何實際而非理論地作出決策[1]。他們觀察到，各個戰略領域（例如弈棋、金融和商業領域）的最佳決策者通過提出尖銳的問題，開發出處理模式。施拉格通過提出一系列問題推動探索，促進業務主管在訂定戰略決策時選擇正確的模式。這些問題有助於形成「代表性」，「在複雜問題中列出真正重要的關鍵問題。」他認為「除非你看到（問題）所在，否則你不知道從哪裏開始。」[2]施格拉宣稱這種方法在戰略選擇中具有廣泛的應用。同樣，另一位學者愛德華·拉普（Edward Wrapp）指出，「最高管理者傾向於問一些有感性的問題，而不是直接下達命令。」[3]換句話說，最高管理者應更多地關注「為甚麼」的問題，而不是技術上的問題——何人、何時、何地、是甚麼。

也許更重要的考慮是，高層管理人員如何提出這些有針對性、深入而有見地的問題。

我們怎麼知道我們在問正確的問題？在應用了這些問題或表述之後，我們如何評估它們對決策的影響？需要進一步的實證研究，但施拉格強調說，高管們沒有提出正確的問題，而是最終花時間對錯誤的問題做出回應，而忽略了隨着時間的推移最終可能浮現出來的最重要問題。

儘管經濟學家明白通過反思對商業策略提出正確問題的重要性，但對經濟活動、資本主義和資本的目的，我們應該提出更廣泛的問題，了解有關生活的決策及其背後的動機。因此，明智而富有同情心的菩薩更關心的是造成結果的精神作意和條件，而不是結果或業力果報。像我們這樣的普通人，無法想像因緣如何獨立發生，而是擔心事後的結果。由於條件取決於我們的意圖，思想和導致所有事蹟的精神意志，因此具有長期遠見卓識的優秀從業者會着重於心態和動機。當我們向自己提出正確的問題時，就會意識到答案背後的真正原因和思考過程，意識到對我們的福祉和生活策略重要的事情，堅定信念。

參考資料

1 Schoenberger, Chana R. 2014. Trying to Understand the Science Behind Strategy, *Capital Ideas*, 2014 (Spring): 34-37. http://review.chicagobooth.edu/magazine/spring-2014

2 同1。

3 同1。

佛系轉念？

因果和緣起的運作都不是簡單的「正向思維」可以改變。要真正轉化在生活上的種種困難和不如意，就要明白因果的報冤、緣起，做到無所求，如理稱法而行，種善因結善緣。

明白因果緣起，真正轉化生活上的種種困難和不如意

上文提到世界級的大師都有非常大的心量，能夠「心包太虛，量周沙界」[1]。可見人的心很有彈性。佛法其中很重要的智慧正是一切唯心造的角度。在《法句經．雙品》中有云：「諸法意先導，意主意造作。若以染污意，或語或行業，是則苦隨彼，如輪隨獸足。諸法意先導，意主意造作。若以清淨意，或語或行業，是則樂隨彼，如影不離形。」[2]意思是世界萬法皆由我們的意識所引導、由意識去作主、去創造、去作用。清淨

「佛系轉念」

的心引發善的行為和結果，污染的心引發惡的行為和果報，心行與果報如影隨形。《華嚴經》的偈句「心如工畫師，能畫諸世間，五蘊悉從生，無法而不造」[3]，帶出我們的心能畫出世間種種一切現象的道理，讓我們明白貌似真實的世間亦只是心識活動的呈現。

不少朋友在家庭和工作上遇到困難，有時覺得周圍的人、事、理都不稱心如意：好似有好多「小人」從中作梗，又或者環境「周身唔聚財」，好似全世界都和自己作對，事事都「篤眼篤鼻」。究竟是真有其事，還是自己的心虛構出來的呢？在心理學上有正向思維（positive psychology）的研究，是否只要轉念引發正能量就可以順風順水、身邊的惡人小人的都變成了聖人和貴人呢？這個問題有幾個層次的考慮。第一個層次可以說是認知上的。有些朋友在工作一段時間後發覺人事、工作方式、環境樣樣不滿意，其實可能公司一直都是這樣，只是他的心態改變、厭倦了而已。又比如說身邊的親人好友一般會比較着緊自己，對自己的行為比較了解，批評亦比較直接。忠言逆耳或「碎碎念」可能令人煩厭。但是這些不太討好的人和事，只要我們能心念一轉，就不難明白其實都是好人好事。反而那些和我們吃喝玩樂、阿諛奉承的朋友，卻未必是我們的善知識。

「遠避愚癡者，交往賢聖人」

要判斷人、事、理三方面的好壞、善惡，其中一個參考是這些種種對我們心識質素的影響。究竟這個人的行為、語言、思想是充滿着「貪瞋癡」還是「戒定慧」呢？這些事情是否助長我們的貪瞋癡呢？如果面對一個貪愛、瞋恚、愚癡心重的人，他們的行為、語言、思想亦自然是表現着種種的雜染和惡習。不管對方是真心作惡，客觀的惡果和惡行卻不是簡單以認知或心理層次的「正向思維」就可以解決得了。不論是別人的貪瞋癡，還是自己的貪瞋癡，對一般的凡夫都會產生作用。正是這個原因，佛陀在《吉祥經》中提醒我們要「遠避愚癡者，交往賢聖人」[4]。從事理的層次去考慮，達摩祖師教導我們《入道四行觀》：「第一報冤行，第二隨緣行，第三無所求行，第四稱法行。」[5] 今日諸事不順，又或者是吉星高照，過去總有因緣，可能是以前自己貪瞋癡的因緣，引致今日的怨懟。又或者是事物本身好的因緣散滅，好景不常，跟有沒有小人惡人都沒有關係。電視廣告說「打波先嚟落雨，唔通連個天都唔鍾意我呀？（踢球才下雨，難道連上天也不喜歡我？）」，難道上天故意為了阻礙一個人的活動而要整個地區下雨？另外我們都有所喜歡不喜歡，喜歡的祈求增加、不喜歡的祈求減少。如果各自的增減不影響別人就不會與人有所爭。但是財色名食睡、名聞利養等都是所有凡夫的渴求。大學同學們都想要好成績、好工作，在職的朋友想要升職加薪。如果資源機會有限，你有我沒有，要你爭我奪，就成了敵對。

這些因果和緣起的運作都不是簡單的「正向思維」可以改變。如果自己和身邊的朋友都是充滿着貪瞋癡，難道簡單轉化想法就不會有衝突？當然正向思維要比負面的積極，但是要真正轉化在生活上的種種困難和不如意，就要明白因果的報冤、緣起，做到無所求，如理稱法而行，種善因結善緣。其中一個簡單的練習是要學習感恩和珍惜，對治我們的貪心和瞋心。正所謂「人心不足蛇吞象」，如果轉化不了內心無止境的追求，不管是多麼的幸運和幸福，仍然可以覺得不聚財、仍然覺得很窮、很痛苦。

識

「五蘊」中的「識蘊」，是相對於受蘊、想蘊、行蘊等來使用的，在佛學用詞裏可理解作精神作用的主體和分析對象而得到認知之能力。玄奘法師譯梵文本《唯識二十論》中提到，我們的心識具備了思考、知覺、認識和顯現四項功能。而日本學者水野弘元亦嘗試從梵語 vijñāna 去分析「識」這一單字；雖然 vijñāna 跟「般若智慧」的 prajñā 同屬一個動詞語根 jñā：有認知、了解的意思，本是同根生。可惜代表凡夫認知的「識」——vijñāna 與「般若智慧」的全面、直接和徹底的認知比較，卻存在極大偏差。要知道接頭語 vi 有「分離」、「消失」的含意，所以從字面上去了解凡夫的「識」，可解說成遠離了根本認知，甚至乎是錯誤認知或不認知。修行者除了承認和接受自己對世間種種法（現象）的錯誤理解，更需要透過修行將心識錯誤部份修正過來，才能轉識成智，以「般若智慧」斷「無明生死」而到達超凡入聖清淨之地。

參考資料

1 https://www.buddhistdoor.org/tc/mingkok/ 心包太虛量周沙界
2 CBETA 電子佛典集成補編（B）第七冊 No.17《南傳法句經》第一卷 [0039a03 - 0039a04]。 http://tripitaka.cbeta.org/zh-cn/B07n0017_001
3 CBETA 電子佛典集成大正藏（T）第十冊 No.0279《大方廣佛華嚴經》第十九卷 [0102a09]。 http://tripitaka.cbeta.org/T10n0279_019
4 CBETA 電子佛典集成南傳（N）第二十六冊 No.0008 小誦經 第一卷 [0003a07]。 http://tripitaka.cbeta.org/en/N26n0008_001
5 CBETA 電子佛典集成卍續藏（X）第六十三冊 No.1217《菩提達磨大師略辨大乘入道四行觀》 第一卷。 http://tripitaka.cbeta.org/ko/X63n1217

自利利他

「新知識，舊行持」

在傳承的過程中，如何能夠確保不失精髓而又充滿生命力呢？

在傳承與創新之間取得平衡

談到佛教與管理，有位法師曾跟我半認真的分享，所有企業家應該向佛陀學習。因為任何成功的企業都沒有佛陀二千五百多年的業績，亦沒有佛教遍及全球的覆蓋能力。佛法代代相傳，繼承者不為名利，有時甚至要歷盡艱辛、開天闢地。世界各地的語言文化不同，人的心識更是層出不窮。要順應眾生的根器，八萬四千法門可謂是度身訂造的模範。佛教在世界各地因地制宜，和當地生活文化接軌，但是又不失原有的宗旨和使命，可謂最「貼地」。

「新知識，舊行持」

修行的重點是淨化人心

現代企業講究業務模式的標準化和傳承，然而佛教的傳承不需要建基於龐大的方案和架構。西天禪宗始祖摩訶迦葉尊者從佛陀傳承的精髓是不立文字，通過拈花微笑，以心傳心。認證的方式不用ISO、Six Sigma那些複雜的準則和手續。當修行重點是人心的淨化，那些表像化的標準根本不足以衡量內心的歷練和境界——不是用機器可以量度，不是外人可以評頭品足。

正如資深數學家所辯證的方程式是一般人所看不懂，高手過招又怎可以被輕易理解呢？自古以來，最厲害的傳承都是文化、哲學、宗教、家風等精神上的。而最有效的模式是師徒制：從言行身教，由生活上日復日、年復年的歷練。在舂米、喝茶、吃飯之間，師徒可以見到彼此的立體面。見到的不是硬板的理論，而是能因地制宜，懂得應機，懂得「執生」，真正融會貫通的智慧。

正如現代的正念修習課程有不少是借佛教禪修的方法重新包裝，舊酒新瓶，甚至要左堆右砌的「借橋」。在傳承的過程中，如何能夠確保不失精髓而又充滿生命力呢？其中一個關鍵是要對前人的智慧有深刻的學習、理解和尊重。有不少管理人或繼承人強調破舊立新，以為自己獨創一派，顯然不明白此有故彼有的緣起法。緣起無我，前無古人的我見從何而來？靄亭法師「新知識，舊行持」的教誨（弘法利生及化育人才的方法和知識與時並進，行持佛法及化育人心的宗旨始終如一），可說是傳承與創新之間平衡的最佳建議。

對前人智慧的尊重和謙卑

觀本法師教授的「五會念佛」亦體現對傳承的重視，他的鉅作《香光閣隨筆》研究一度失傳的「五會念佛」。近八百多頁的「隨筆」，是一篇深入的論文。法師以念佛法門的師承考記開首，審查古來種種念佛的方法，再記錄念佛各種殊勝的驗證，進而展開五會念佛源流的考究。承先啓後，觀本法師以前人的智慧為基礎，再深入討論五會新聲念佛的理論和修習方法。法師求學論道的認真態度，對前人智慧的尊重和謙卑，值得我們現今這個貪快、貪新、貪即時見效的時代借鑑。

正見正信正行的覺醒之路

能見、對智慧的期盼、對理想的期盼，這三方面和佛教的「正見」、「智慧」和「悲願」都有相應的地方。

芝加哥大學對畢業演講的講者邀請向來講究，傳統由大學的教職員主持，絕少向外邀請。二〇一八年打破傳統，加入 Class Day 畢業慶祝日，請來《紐約時報》的著名專欄作者 David Brooks。講者是芝加哥大學（以下簡稱「芝大」）的畢業生，演講內容有兩個重點：一為芝大教曉他受用至今的道理；二為芝大沒有教而要自己學習的東西[1]。有別於一般充滿正能量的畢業演講，他的演辭體現了芝大學派直截了當、苦口良藥的特色[2]。

Brooks 指出芝大教曉他的有三方面：一、「能見」（know how to see）；二、「對智慧的期盼」（a yearning to be wise）；三、「對理想的期盼」（a yearning for ideals）。「能

「覺醒之路」

見」可以說是覺察力和見解。他引用了John Ruskin的話，指出人最了不起的是「能見」，然後將所見的用最淺白方式和大家分享。一人能思考，而百人能講述；但因一個人「能見」，而千人能思考。不同的角度和不同的見解會產生不同的分辨、判斷能力和不同智慧。知道智慧的好而引發對智慧的期盼。Brooks對智慧有頗為深刻的描述：

閃耀人性光芒的智慧

根植於心的人性、謙遜和穩重就體現在智者的身上。（智者）能透過愛與包容去審視別人的缺陷；他能直指任何問題的核心；環顧四野，便可洞見凝聚之力與不可強求之事。在我看來，要具備這種智慧，我們需真情實意地關懷身邊的人，需要時常在獨處中自我反省，需要閱讀偉大人物的作品；需要我們跳出所置身的時代，跳出自己現有的成見，踏上探求道理的終身之旅。芝大推崇這種閃耀人性光芒的智慧。

除了「對智慧的期盼」，芝大教曉他的第三方面是「對理想的期盼」。理想是甚麼？如何訂立理想、如何成就理想呢？他引用 William James 提出人類所存在的一個永恆的主題：「每個人的痛苦鋪砌了追逐至高理想的路。」Brooks 自知沒有智慧足以發明一套自己的哲學，或創立屬於自己的理想，但他建議大家去學習賢者傳給我們的理想，看看我們認同哪些，然後參與到那傳承的隊伍中。

能見、對智慧的期盼、對理想的期盼，這三方面和佛教的「正見」、「智慧」和「悲願」都有相應的地方。佛法在有為的世間法中不是「求求其其」、「是是但但」[3]。正如八正道中對正見的修習，四弘誓願「眾生無邊誓願度；煩惱無盡誓願斷；法門無量誓願學；佛道無上誓願成」等等，都顯現了佛法對智慧的渴求和對離苦得樂、自利利他等理想的嚮往。一行禪師在二〇一六年給青年人的一封信中提及[4]：

> 宗教對不少人而言，只是比家庭或社會承傳下來的一套傳統和習俗多一點而已。由於大家懶惰或欠缺興趣，對自己宗教流於表面的理解得過且過。他們沒有就自己的經歷驗證宗教教義的真實性，更何況要將這些教義實踐而去提升和治癒自己。這

類信眾或較容易流於教條主義（dogmatism）和不容忍的情況（intolerance）。

雖然宗教的內容要比個人更廣闊，但是宗教亦標誌着一個甚為深入的個人歷程，需要持續與自己內心對話。如果我們追隨一個宗教，我們不必要跟它一模一樣。我們應該有智慧地去學習他們不同的深度和美好，讓它滋養我們的精神生活。一個健康的宗教是一個活的宗教。它應該可以去進化和學習，藉以回應當代的難題。

觀德莫觀失

正如印順導師所教導：「深信三寶應從正見中來，依正見而起正信，乃能引發正行而向於佛道，自利利人，護持正法。」[5]要培養「正見」、「智慧」和「悲願」需要通過多學、多想、多實習的「聞思修」，絕對不可以隨便、不可以偷懶。如果找不到或分辨不到好的老師，可以學習別人的優點，見賢思齊，正所謂「觀德莫觀失」[6]。

如不觀功德，專在善知識的缺點上着想，不是這樣不對，就是那樣不夠，那雖然遇到全德的大善知識，也毫無利益。因為全德善知識，也不能一切圓滿，沒有一些缺點的。如果做不到「觀德莫觀失」，那不如將時間和精神集中在聖賢的經教上。現代科技資訊發達，佛陀和歷代高僧大德的行誼事蹟及記載都有網上版本。佛經的網上資源更是一指之隔。沒有不學習正見、不去追求智慧和理想的藉口。

參考資料

1 David Brooks addresses University of Chicago graduates. https://www.youtube.com/watch?v=BCW4bf7YLU0
2 不同於哈佛耶魯的雞湯，芝大畢業演講是一劑精神苦藥。https://read01.com/O3xxO0j.html
3 積極而不消極，放下而不放逸——真正的佛系人生，又豈能是是但但。https://www.buddhistdoor.org/tc/mingkok/%E7%A9%8D%E6%A5%B5%E8%80%8C%E4%B8%8D%E6%B6%88%E6%A5%B5%E6%94%BE%E4%B8%8B%E8%80%8C%E4%B8%8D%E6%94%BE%E9%80%B8%E7%9C%9F%E6%AD%A3%E7%9A%84%E4%BD%9B%E7%B3%BB%E4%BA%BA%E7%94%9F%E5%8F%88%E8%B1%88%E8%83%BD%E6%98%AF%E6%98%AF%E4%BD%86%E4%BD%86
4 Buddhistdoor. Buddhistdoor View:Our Young Future. https://www.buddhistdoor.net/features/buddhistdoor-view-our-young-future。並見：Wake Up Community (2016). Thich Nhat Hanh's Message to the Youth.October 31, 2016. https://wkup.org/thich-nhat-hanh-message-youth/
5 http://yinshun-edu.org.tw/en/node/22606?page=6
6 印順導師，《印順導師佛學著作集 成佛之道（增註本）》觀德莫觀失。http://yinshun-edu.org.tw/Master_yinshun/y42_02_06

以人為鏡，反觀己心

「以銅為鏡，可以正衣冠；以古為鏡，可以知興替；以人為鏡，可以明得失。」

新年伊始，大家除了忙於訂立工作計劃以外，亦是總結檢討的時候。不單是工作檢討，在職的朋友亦要為同事寫表現評核，作為年終職位薪金調整的參考。筆者對評核並不陌生，因為過去外資企業有互評機制，連剛入職的黃毛小子都有機會為高層由下而上寫評核。但是由於大機構取樣夠大，不容易受一兩份極端的評核定生死。而且大家亦熟習操作，選取評核人時小心謹慎，寫評核的人亦對用詞精挑細選，有技巧地指出別人的「發展需要」(Development Needs)。

「以人為鏡」

練習專注反觀己心

寫評核其實是一門高深的學問，因為批判、挑剔的習慣一旦形成，容易樣樣「睇唔順眼」。而評核者容易生起貢高我慢的心態，只看見別人的缺失，而不見自己的不足，覺得自己高高在上。正如《尚書．大禹謨》所指：「滿招損，謙受益，時乃天道。」都是提醒我們要保持謙虛的態度。當然東方的謙遜低調和西方的個人主義和批判式思維南轅北轍，但是東方的智慧實在有其內涵。佛陀在《己心品》亦有教導，除非我們能讀懂他人的心識，倒不如專注熟習反觀己心[1]：

> 諸比丘！若比丘於他心不善能，則「於己心當為善能」。諸比丘！如是當學。
>
> 諸比丘！云何比丘於己心為善能耶？諸比丘！譬如壯年年少之男女愛好莊飾者，於清淨潔白之明鏡、明澄之水鉢，自觀察面相，若於其處見垢、塵，則為斷其垢、塵而精進；若於其處不見垢、塵，則歡喜思惟圓滿，謂：「幸哉！我得清淨。」

如何才能做好反觀自己的內心呢？正如用清淨光明的鏡反照一樣，佛陀教導我們觀察自己內心的塵垢，仔細去除後滿心歡喜。唐太宗的名言：「以銅為鏡，可以正衣冠；以古為鏡，可以知興替；以人為鏡，可以明得失。」[2]重點亦是以別人經驗為鑑，明白得失，而不是講是非。當中的分別很取決於我們的心態和溝通技巧。有時我們以為為他人設想，想分享經驗或教導他人，但是對方又會否感受到我們的好意呢？如果對方不領情，可能會保持距離，甚至老羞成怒呢！特別是和新一代的同事和朋友溝通，如果以說教或高高在上的姿態，有主見的年青人根本聽不入耳。對於學生、師友計劃的朋友、和工作的夥伴，我希望能以身作則相知相伴，互相學習。自己做得好的可以供別人參考但不敢強加於人，自己做不好的只能對自己要求做得更好。

「自讚毀他」是瑜伽菩薩戒的重犯

聖嚴法師亦建議「是非要溫柔」，「得理讓三分，理直氣要柔」才是菩薩悲智相運的表現。理直氣壯盛氣凌人，是既不慈悲也沒有智慧。如果我們的目標是希望別人進步，

那就要考慮如何才能令對方接受。否則所謂的「教」、「批評」和「指責」只是踩低別人抬高自己。「自讚毀他」是瑜伽菩薩戒的重犯，因為不單只長養自己對利養恭敬的貪求，亦增加瞋恚心。「自讚毀他」損己害人，離自利利他的菩薩路越走越遠。

參考資料

1 《CBETA 電子佛典集成》南傳第 24 冊 No.0007 增支部經典第十卷五十一《己心品》。http://tripitaka.cbeta.org/N24n0007_010

2 《舊唐書・魏徵傳》

世間上兩位光明守護者

只要這兩位守護者沒有被動搖，世界的道德標準就能被維護。當它們不受到重視或被付諸實踐時，人類世界可能會陷入狂暴的紛爭和暴力之中。

佛教經濟學受佛陀的世界觀和教義啟發，在許多方面與市場經濟的理論不同。從根本上，佛教經濟學對財富的定義就大不相同。儘管佛陀從未否認錢財，他認同黃金和白銀等貨幣是一種財富，但他指出這些財富觀念並不可靠。相反，佛陀教導我們去重視真正有價值的財富「七聖財」，即：（一）信、（二）戒、（三）聞、（四）捨、（五）慧、（六）慚、（七）愧[1]。

佛陀對物質財富和道德財富的真實本質亦有深入的洞見，他認為有形的金錢財富可能像毒蛇一樣危險，而無形的道德品質才是真正的財富。物質財富可以被掠奪（被火、水、王權，盜賊和不肖子孫所奪走），並加深我們的貪婪、瞋恚和愚癡。但七種道德財

「世間上兩位光明守護者」

富卻是有真正的價值，因為它們不但無法被剝奪，而且會引領我們獲得真正可持續的幸福。正因如此，佛陀不認為金錢的困乏或負債的苦難是真正的貧窮，而認為缺乏道德修養才是真正的貧窮和負債。我們可能對物質方面的貧困和債務更為熟悉：被大量債務掩埋，無法償還債務，無法從利息的深淵中脫身，被制裁、譴責、定罪或被監禁。這些確實在世界上遭受苦難。但是，佛陀提醒我們，那些被真正束縛吞沒的人，是那些由於身體、言語和思想上的不當行為而積累了巨大業力的壞業的人：

> 諸比丘！彼之貧、無所有、無富之人，於善法而無信之時，於善法而無慚之時，於善法而無愧之時，於善法而無精進之時，於善法而無慧之時，以身行惡行，語行惡行，意行惡行，我乃稱為彼之負債。[2]

相反，培養道德和智慧的智者，在現在和未來的生活中是自由和快樂的。最高的自由是無憂、無塵垢而且安全的：

滅盡我解脫，不動為有智，此即最勝智，無有上安樂，無憂離塵安，最上無負債。[3]

「慚」與「愧」是道德的根本守護者

在七聖財中，「慚」與「愧」具有獨特的重要性。佛陀將兩者視為道德的根本守護者。「慚」（巴利文：hiri）是內在的反思，是出於榮辱或自尊心而向內看，並為自己的不道德行為感到羞恥。它促使我們抵制讓我們遠離實現可持續幸福的障礙——內心深處的貪婪、瞋恚和愚癡的精神狀態。另一方面，「愧」（巴利文：ottappa）是外向的恐懼感，對可怕的結果如責備和懲罰或業力的恐懼。對道德後果的恐懼讓我們感到壓力，要遠離邪惡的思想和行為。

正如菩提比丘指出，通過道德恥辱和道德恐懼這兩個內在和外在的維度，道德生活的培養能為每個人和其他的關係提供保障。因此，它是個人和整個社會道德的守護盾[4]。佛陀稱他們為世界的兩位光明的守護者（巴利文：sukka lokapala），因為只要這兩位守護者沒有被動搖，世界的道德標準就能被維護。當它們不受到重視或被付諸實踐時，人類世界會「陷入狂暴的紛爭和暴力之中，與動物界幾乎變得難以區分」[5]。

因此，這兩位守護者保護我們免於作出錯誤的抉擇而導致道德的敗壞，激勵我們作出增長道德修養的明智選擇。這種內在的和個人的反省有助於摒棄障礙和積累有助於覺醒的條件，最終支持在個人層面上培養道德品質。鑑於每個人與其他生物、社會和環境的緊緊相互依存，在個人層面上取得的成就，有能力影響世界，在整個社會中積累道德資本。

哈爾基亞斯（Georgios Halkias）教授認為，個人和整個社會的道德價值是交織在一起的。個人的行動和心態可以從下至上影響社會，作出貢獻，而領導者又應成為正義的人，自上而下地關注社會的需求[6]。當道德恥辱和道德恐懼這兩個守護者獲得勝利時，個人和整個社會都會受到保護，免於受到源自個人思想和行為的三種毒害（貪婪、瞋恚和愚癡）所侵。如果這兩位守護者被擊敗，這些毒害不僅會影響個人，還會污染整個機構甚至整個社會：

> 佛教社群的作用是影響決策，以確保這些決策與佛法教義相應。理想的統治者，是努力捍衛臣民福祉與和諧的正義領袖。[7]

佛教戒律與真正的轉變

因此，哈爾基亞斯認為，沒有在個人和社會層面的內在變革，社會發展和經濟增長將不會促成健康和諧的社群。從佛教的角度來看，「有效的社會政策和法規的目標，是通過佛教的戒律去促成個人和社會層面的內在轉變……」

菩提比丘說道德恥辱和道德恐懼這兩位的守護者，可以與守護天堂之門的羅馬神賈努斯（Janus）相提並論[8]。賈努斯的雙頭面向的方向相反，一個面向未來，另一個面向過去。因此，賈努斯被描繪成關門、起點和終點以及過渡之神（一月份以他命名）。賈努斯也代表着不文明與文明、鄉村與城市、青年與成年之間的過渡[9]。

道德恥辱和恐懼的現代比喻也許是我們移動設備上的攝像鏡頭。一個是向外看世界的後置攝像鏡頭，另一個是內望的前置攝像鏡頭（「自拍」攝像鏡頭）。要拍攝美麗的圖片，兩者都重要。同樣，我們需要增強內向和外向觀照的能力，從而通過道德修養在個人層面上實現急需的轉變，以維護「個人品格」，最終使我們的道德品格向外推展，以維護「人類的尊嚴」[10]。

參考資料

1 《CBETA 電子佛典集成》南傳增支部經典第二十二冊第六卷四十五。http://tripitaka.cbeta.org/N22n0007_006

2 同1。

3 同1。

4 Bodhi, Bhikkhu (trans.). 2010. "The Guardians of the World." Access to Insight (BCBS Edition). 5 June 2010. http://www.accesstoinsight.org/lib/authors/bodhi/bps-essay_23.html.

5 Thanissaro, Bhikkhu (trans. from Pali). 2013. "Itivuttaka: The Group of Twos" (Iti 42). Access to Insight (BCBS Edition). 30 November 2013. http://www.accesstoinsight.org/tipitaka/kn/iti/iti.2.028-049.than.html#iti-042

6 Halkias, Georgios T. 2013. "The Enlightened Sovereign; Buddhism and Kingship in India and Tibet." In *A Companion to Buddhist Philosophy*, edited by Steven M. Emmanuel, 491-511. Oxford: Wiley-Blackwell.

7 同6。

8 "Janus, Roman God" (Encyclopedia Britannica). https://www.britannica.com/topic/Janus-Roman-god

9 同4。

10 同4。

締造可以持續的轉化

世事常變，變幻才是永恆。我們的身體、思想、遇到的事和物都在不斷遷流變化之中。能洞悉和管理轉變，對我們的個人、家庭和社會的幸福都非常重要。

平靜、勇氣和智慧

佛陀教導我們所有世間的現象皆是無常、是會變異的，沒有一個永恆不變的「我」去觀察一個永恆不變的外在世界。我們很難為這個「我」去「作主」，更何況妄想去為外面的世界作主！因為我們的存在是因緣和合而成，生老病死不單只是自然，而是必然。我們的「身份」不論是依附於工作還是家庭，都是由不同的角色堆砌而成，同樣有生有滅、有起有落。假若我們未能明白變幻的道理，執着於生命中喜歡或討厭的一小片段，那我們就不能忍耐和接受「所」觀察的事和物在轉變，更不能體會有「能力」觀察的「我」

Buddha
Buddha
Buddha
Buddha
Buddha
Buddha
Buddha
Buddha
Buddha
Buddha

「可以持續的轉化」

亦同樣在不斷轉變。

壞新聞最終都會過去，成為舊新聞

很少人會在剛開展新的工作或關係時就已經充滿憎惡，但我們對工作或其他人的態度很容易會隨着時日而改變。因為現實往往是多面、複雜和不穩定的，我們很容易被風暴前的平靜所欺騙。「無常」的美好一面或許是：任何不愉快、不理想、不幸的經驗都「有彎轉」。如果我們患上了感冒或是發熱，身體的強烈不適或許讓我們覺得這個病永遠都不會好。但身體最終會漸漸地復原、會痊癒。有時情況壞到讓我們覺得很窘迫、全無希望，天好似要塌下來，好像全世界都與我們作對，甚至連天氣都要作弄人。但是不論消息是好是壞，壞新聞最終都會過去，成為舊新聞。

Karunadasa 教授解釋說「無常」的特質就是「因為無常，所以有變化的可能」[1]。佛教認為人的心性是很可塑和很靈活的，有很大轉化的空間。當然這個轉化往正面還是負面走，就影響我們身心健康的起落。佛陀說：如果人的身心個性有小至一粒沙的部份是改變不了，那我們為了更崇高的人生而修行的努力就會變得徒勞無功。心理的健康其實和身體的健康一樣是會變化的。它可以受到生活大大小小的事情影響，很難探究變化的源頭。當我們心理的狀況出了異樣，就必須如照顧身體上的狀況一樣：取得休息、取得專業的協助、取得支援。我們不要將心理的健康視作理所當然，但亦不要將壞的情況當作無轉圜餘地。

有時情況去到某個地步好像沒轉圜餘地，但實情只是需要很多的條件和協助，包括時間。感冒的康復時間可能是一星期，癌症則需可能是數年或更長，心情不佳或許可以瞓一覺就好，抑鬱可能是長期的抗戰。

「面對它、接受它、處理它、放下它」

面對生命的挑戰，我們可以選擇培養接受環境的平靜、改變環境的勇氣，以及分辨可改變和不可改變的智慧[2]。佛法指出我們每一個人都可以去培養自己的心，讓自己在這個改變的過程中更平靜、更勇敢和有智慧。聖嚴法師建議我們面對不同的情況，特別是

困境時要懂得「面對它、接受它、處理它、放下它」[3]。當中的智慧是要懂得可以處理和不可以處理的中道。了解有那些人和事是我們在認知上、實質上或心理上有能力面對的。我們往往有歡喜和不歡喜的人事和環境需要接納和處理；我們可以盡心盡力耐心堅定不移去推動轉變，但亦要明白轉變未必可以即時見效。我們必須明白深遠和可持續的轉變，需要通過眾多有利的因緣長時間的積累。

參考資料

1 Karunadasa,Yakupitiyage.2013. "Non-self and the Putative Over Self." In *Early Buddhist Teachings: The Middle Position in Theory and Practice*, pp 35-50. Hong Kong: Centre of Buddhist Studies, The University of Hong Kong. Reprint, Second edition, 2015.

2 參照美國神學家尼布爾 Reinhold Niebuhr（1892-1971）的《寧靜禱文》。洪蘭在《改變：生物精神醫學與心理治療如何有效協助自我成長》一書中翻譯的版本是：「親愛的上帝，請賜給我雅量從容的接受不可改變的事，賜給我勇氣去改變應該改變的事，並賜給我智慧去分辨甚麼是可以改變的，甚麼是不可以改變的。」

3 https://www.ddm.org.tw/event/spirit/page02_02_01.html